Pakistan

巴基斯坦史

清真之國的文化與歷史發展

楊翠柏
劉成瓊　編著

三民書局

國家圖書館出版品預行編目資料

巴基斯坦史:清真之國的文化與歷史發展 / 楊翠柏,劉成瓊編著.－－初版一刷.－－臺北市:三民,2005

面; 公分.－－(國別史叢書)

參考書目: 面

ISBN 957–14–4134–1 (平裝)

1. 巴基斯坦－歷史

737.21   93022929

網路書店位址 http://www.sanmin.com.tw

© 巴基斯坦史
—— 清真之國的文化與歷史發展

編著者	楊翠柏 劉成瓊
發行人	劉振強
著作財產權人	三民書局股份有限公司 臺北市復興北路386號
發行所	三民書局股份有限公司
	地址／臺北市復興北路386號
	電話／(02)25006600
	郵撥／0009998–5
印刷所	三民書局股份有限公司
門市部	復北店／臺北市復興北路386號
	重南店／臺北市重慶南路一段61號

初版一刷 2005年5月

編　號 S 730180

基本定價 參元陸角

行政院新聞局登記證局版臺業字第○二○○號

ISBN 957–14–4134–1 (平裝)

自 序

　　巴基斯坦——「清真之國」，一個讓人有無限遐想的名字，一個令人倍感神秘的國度。但當您接近她、走進這個國家的時候，您一定會喜歡上她。您會喜歡她氣勢雄偉的群山、深邃的峽谷、金色的阿拉伯海灘、沃野千里的印度河平原；您也會被印度河孕育出的世界著名的索安河文化、哈拉巴文化、吠陀文明、犍陀羅藝術、以及在蒙兀兒帝國時期開始繁榮的伊斯蘭教文化與藝術所吸引；您也許還會對巴基斯坦在當今世界政治中的重要地位感興趣。當蘇聯入侵阿富汗的時候，巴基斯坦成為世界抗擊蘇軍的前線；在美國打擊阿富汗塔利班政權和「基地組織」的時候，巴基斯坦又成為美國的重要合作夥伴。您要了解巴基斯坦，請讀一讀《巴基斯坦史——清真之國的文化與歷史發展》。

　　巴基斯坦建國的歷史比較短，從 1947 年獨立至今不到 60 年，因此，巴基斯坦的國家發展道路上還存在一些問題。不過，這些問題只是巴基斯坦前進中的一些小插曲。

　　淪為英國殖民地的巴基斯坦是在南亞次大陸「穆斯林民族」理論基礎上建國的。這就交織著宗教和民族問題。穆斯林在巴基斯坦國民中占 97%，其中絕大多數屬於素尼派，少數屬於什葉派和人數更少的其他教派。因此，到處可以感觸到濃烈的伊斯蘭宗教氣氛。在電視裡，在大街上，無處沒有伊斯蘭教的影響。特別是清晨，高亢嘹亮的「阿拉至大」的呼禮聲在靜謐的城市上空回蕩，讓人獲得強烈的精神震撼和心靈的淨化。

　　雖然巴基斯坦以穆斯林民族建國，但在統一的民族國家中，還存在一些明顯的差異。比如身材魁梧、強悍勇猛、操旁遮普語的旁遮普人；身材高大、皮膚黝黑、操信德語的信德人；身材高大而勻稱、皮

膚淡褐色、深眼窩、藍眼珠、眼光炯炯有神、鼻子長而直、操普什圖語的帕坦人；體形勻稱、眼睛圓鼓烏黑發亮、男子常佩刀劍、操俾路支語的俾路支人，以及布拉灰人等等。

巴基斯坦政府根據宗教信仰，將穆斯林稱為多數民族，把占全國人口 3% 的印度教徒、基督教徒、錫克教徒、祆教徒稱為少數民族。

由於國際政治的變化莫測，伊斯蘭教極端主義的發展，使本來並不突出的巴基斯坦民族、宗教問題變得非常複雜，因此，我們今天在新聞媒體中經常見到在巴基斯坦發生的恐怖主義事件。

巴基斯坦長期成為世界焦點地區之一，與巴基斯坦特殊的建國歷程、本國存在的民族、宗教問題以及重要的地緣政治、經濟、文化、宗教位置緊密相連。希望《巴基斯坦史——清真之國的文化與歷史發展》這本小書有助於您更深刻地了解巴基斯坦這個神秘國度。

感謝本書所使用的文獻資料和圖片作者！

楊翠柏

2005 年 5 月

巴基斯坦史

清真之國的文化與歷史發展

Pakistan

第 I 篇
巴基斯坦概述

第一章
美麗富饒的國土

第一節　地理位置與地形特色

巴基斯坦意即「清真之國」，全稱是巴基斯坦伊斯蘭共和國。其位於南亞次大陸西北部的印度河流域，地處北緯 23°30′ 至 36°45′，東經 61° 至 75°31′ 之間。它是南亞通向中亞、西亞的陸上交通要衝，也是中亞國家出海的捷徑。南瀕阿拉伯海，從其 1100 公里長的海岸線最西端到阿曼首都馬斯喀特，海上直線距離僅 390 公里。所以，巴基斯坦在波斯灣戰略中有著重要影響。

巴基斯坦國土略呈矩形，自東北向西南延伸約 1600 公里，東西寬約 885 公里。面積 79.6095 萬平方公里（其中不包括巴基斯坦實際控制的部分克什米爾地區）。東鄰印度，共同邊界長達 1610 公里；東北與中國接壤，有共同邊界 595 公里；西北與阿富汗的共同邊界長 2252 公里，經過阿富汗 16 至 19 公里寬的「瓦罕走廊」，便可到達中亞的塔吉克斯坦；西南與伊朗毗鄰，有共同邊界 805 公里。

巴基斯坦地形比較複雜。從南部的海灘、珊瑚礁、沼澤到中部的沙漠、荒涼高原、肥沃平原、被河流切割的高地和北部的高山狹谷、

雪峰冰川等多種景觀共存。根據不同的地形特徵,巴基斯坦可分為北部高山區、西部低山區、俾路支高原、波特瓦爾高地、旁遮普和信德平原。山地和高原佔全國總面積 3/5。從地理位置來看,巴基斯坦可分為四個大的自然區域,與其境內的四省相吻合:東部平原二省和西部高原山地二省。東部印度河平原是世界上最大的沖積平原之一,約佔全國總面積的 1/3。該平原南北延伸長 1280 公里,東西平均寬約 320 公里,最大寬度(在旁遮普)達 550 公里。沿北緯 29° 可將印度河平原分為上印度河平原和下印度河平原。

一、上印度河平原

主要位於旁遮普省,所以又稱旁遮普平原。旁遮普平原由印度河及其支流薩特萊傑河、拉維河、奇納布河和傑盧姆河沖積而成。從米

圖 1:巴基斯坦地理位置

滕果德起向北呈扇形展開至波特瓦爾高地，面積 9 萬平方公里。平均海拔高度 200 公尺至 300 公尺。根據地貌特點，旁遮普平原又可分為三個小區：五條河之間的四個河間地（又稱「道布」）為一區，這是由於地殼上升，河流下切形成的氾濫平原（低於平原 10 至 15 公尺）；傑盧姆河與印度河之間的信德薩格爾河間地，大部分為沙漠或半沙漠區，稱特爾沙漠，面積 2.02 萬平方公里；第三區為印度河河西平原，面積 8700 平方公里。它東起印度河西岸，西至蘇萊曼山脈北麓，南起上信德，北至馬爾瓦特山。本區東部有擺動不定的河床、廢棄河床、砂嘴和積水窪地等，佔本區面積的 20%。西部地區地面以礫石、粗沙為主，佔本區面積的 80%。旁遮普平原水土資源豐富，灌溉體系完善，是巴基斯坦最富庶的地區。

印巴兩國達成《印度河水協定》，印度河、傑盧姆河和奇納布河三條西部河流劃歸巴基斯坦，拉維河、薩特萊傑河和比亞斯河三條東部河流劃歸印度。此後，巴基斯坦修建了一系列連結渠和大壩，進一步改善了灌溉體系、擴大了灌溉面積。在印度河上修建的塔貝拉水壩和在傑盧姆河上修建的曼格拉水壩最為有名。前者蓄水能力達 139.38 億立方公尺，是世界上最大型的水壩之一；後者蓄水能力為 65.99 億立方公尺。夏雨和冬雨又為農業提供補充水源。所以，在旁遮普平原，多種農作物得以生長，其中主要有小麥、稻穀、棉花、甘蔗等。旁遮普平原被稱為巴基斯坦的糧倉，但是，由於水淹和鹽鹼化，每年約有 4.05 萬公頃的土地不能耕種。政府已採取措施，盡力控制土地鹽鹼化。農業經濟繁榮，促進了旁遮普平原工業和城市發展：它擁有全國 56% 的人口和巴基斯坦絕大多數商業和工業中心城市，如拉合爾、費薩拉巴德、木爾坦、古吉納瓦拉、錫亞爾科特和古吉拉特。在平原的東南部有著名的喬利斯坦沙漠，面積 3.37 萬平方公里，夏天平均氣溫高達 51.7°C。地表由連綿不斷的沙丘（有的沙丘高達 122 公尺）組成，無法耕種，加之缺水，生存條件極為惡劣，經濟落後。

二、下印度河平原

又稱信德平原，位於旁遮普平原和阿拉伯海之間，面積約 12.4 萬平方公里，平均寬約 160 公里，比旁遮普平原狹小。按地貌特徵，信德平原亦可分為三個部分：西部的基爾塔爾山地和丘陵，位於印度河平原向俾路支高原的過渡區；印度河在旁遮普平原南部的潘傑納德匯合後至出海的河道長 700 至 800 公里，這一地區稱印度河下游平原；印度河三角洲地區，面積 8000 平方公里，海拔僅 7 公尺左右，從海德拉巴到三角洲海岸長 150 公里，東部為塔爾沙漠和半沙漠，東南為卡奇鹽澤地，西北為石灰岩，南部為海灘。印度河右岸平原區到處是綠色的植被和林蔭道。這裡是西元前 3000 年印度河文明的中心區，每年有數以千計由世界各地來的旅遊者參觀拉卡納附近的摩亨佐達羅遺址。該地區灌溉體系發達，從蘇庫爾的蘇庫爾大壩、古杜的上信德大壩和海德拉巴的下信德大壩（又稱古拉姆·穆罕默德大壩）引出的水，灌溉面積達 404.7 萬公頃，約佔全國灌溉面積的 40%。富饒的土地和充足的水源為該地區水稻、小麥和棉花的豐產提供了良好條件。印度河三角洲西北端的喀拉蚩是巴基斯坦最大的城市、工商業和文化中心、鐵路終端、海港和重要的航空港；此外還有海德拉巴、蘇庫爾、拉卡納、納瓦布沙、什卡普爾和達杜等重要的商業和工業城市。但是南部的部分地區，因水淹和鹽鹼化，無法耕種，經濟落後。

信德平原有許多湖泊，每年冬季有數千隻候鳥從中亞飛到這些湖泊生活。曼恰爾湖最大，面積 518 平方公里。湖面佈滿了青翠的水草和漂浮的睡蓮，呈現出迷人的景色。在曼恰爾湖南邊是印度河三角洲。位於特達附近的金賈爾湖，發揮著儲水和防洪的功能；在冬季它還是垂釣和打野鴨的好地方。金賈爾湖南部遍佈廢棄的汊河、沙灘、隆起的土埂和沼澤，並與卡奇海岸的死港、鹽澤相連接。

三、俾路支高原

　　位於巴基斯坦的西部和西南部地區。東為蘇萊曼山和基爾塔爾山，西與伊朗高原相接，北至戈馬爾河，南達阿拉伯海。面積為 31 萬平方公里，佔巴基斯坦國土面積的 40%。高原由連綿不斷高達 1830 至 3355 公尺的南北平行山脈和海拔 500 至 2000 公尺的山間寬谷和盆地組成，整個高原平均海拔 700 公尺。高原內有格子狀內流水系。根據地貌特點，俾路支高原可分為四個區。第一個區是俾路支高原的最高部分，即東北部高原，位於蘇萊曼山和多巴嘎格爾山之間，由一些山間盆地和高山組成，最高峰縈爾貢峰，海拔 3521 公尺，第二高峰哈利法特峰，海拔 3430 公尺。第二個自然區是格拉德高原，位於俾路支高原中部，海拔 2135 至 2440 公尺，這是俾路支高原的主體，地勢由北向南傾斜。由海拔 2000 公尺以上的山脈、山間谷地、沙漠、荒原和綠洲組成。山脈作南北走向，主要山脈有基爾塔爾山、中勃拉輝山、伯勃山、哈爾博伊山和中莫克蘭山等。河流隨山勢大多作南北流向，水流量小，河床經常乾涸。

　　格拉德高原山地裸露，植被稀疏，到處是曬裂了的黏土、氧化了的小卵石、含鹽的沼澤和新月形不斷流動的沙丘。由於氣溫高、乾燥少雨，高原經常出現海市蜃樓和強烈的沙暴。在內流河流經的地方和乾涸湖泊地區，生長著多刺的灌木叢和檉樹，最大的乾涸湖泊是馬什克爾，它東西長約 140 公里，南北寬約 57 公里。第三個自然區是位於中莫克蘭山和查蓋山之間的西部沙漠和鹽鹼地，主要地貌特徵是沙漠和鹽澤，其中以卡蘭沙漠最為著名。第四個自然區是南部海岸區，高原地貌已逐漸消失，主要由山地和海岸平原構成。奧馬爾以東稱拉斯比拉海岸，以西稱莫克蘭海岸，前者為沖積平原，地勢平坦，後者是一狹長地帶，地勢崎嶇，海水淺，缺良港。俾路支省是巴基斯坦四省中面積最大、最偏遠、人口最少、經濟最落後的地區。

　　俾路支高原是巴基斯坦的主要牧區。地下礦藏如煤、銅、天然氣等儲量較豐富。天然氣管道已將蘇伊氣田天然氣送往喀拉蚩、海德拉巴、蘇庫爾、木爾坦、費薩拉巴德、拉合爾、拉瓦爾品第和奎達等大

城市。高原唯一的商業城市奎達，位於通往印度平原的波蘭山口西北，它是通向伊朗的交通要衝。奎達也是小型農業中心，種植小麥、大麥、玉米、苜蓿、蕃茄、蘋果、杏子、李子、扁桃、葡萄和石榴。此外，洛拉萊也是俾路支高原較重要的農業區。俾路支高原的農業區主要集中在這兩個地區。

四、北部山區

　　由北部高山區、西部低山區和波特瓦爾高地三部分組成。在巴基斯坦北部，從東到西有喜馬拉雅山、喀喇崑崙山和興都庫什山三條大山脈，這三條大山脈將巴基斯坦與中國、中亞塔吉克斯坦、阿富汗隔開。喜馬拉雅山位於東北，喀喇崑崙山位於喜馬拉雅山西北並延伸至吉爾吉特，興都庫什山位於喀喇崑崙山西北並一直延伸至阿富汗。在崇山峻嶺中，有35座海拔7315公尺以上的高峰，其中不少高峰超過7925公尺，最高的一座是喬戈里峰，海拔8610公尺，是僅次於珠穆

圖2：巴基斯坦北部山區景致十分壯闊，所以也是世界登山者的最愛。

朗瑪峰的世界第二高峰。另外三座超過 8000 公尺的山峰是位於克什米爾西北部的帕爾巴特峰，海拔 8125 公尺，以艱險著稱，難於攀登，曾有多位著名登山運動員在此獻出寶貴的生命。神秘峰，海拔 8068 公尺，該峰周圍被巴爾托羅冰川封擋，1892 年探險家馬丁‧康韋發現並將其命名為神秘峰。布羅德峰，海拔 8047 公尺。巴基斯坦北部高山區是世界上高峰最集中的地區。亞洲 16 座高峰中，巴基斯坦佔 7 座，世界 50 座高峰中，巴基斯坦佔 20 座。因此，這一地區被認為是登山者的樂園，巴基斯坦也以此為驕傲。一位巴基斯坦作家曾寫道：「在巴基斯坦高山區，要進入『天堂』並不難。」

除南極和北極冰川外，巴基斯坦冰川面積比世界其他國家冰川面積都大，達 1.368 萬平方公里，佔上印度河盆地山區面積的 13%。在巴基斯坦所屬的喀喇崑崙山區，冰川面積達 6160 平方公里，更準確地說，喀喇崑崙地區，有 37% 的面積是冰川，而喜馬拉雅山只有 17% 屬於冰川，歐洲的阿爾卑斯山只有 22% 屬於冰川。更值得一提的是，在喀喇崑崙山的南側，有 59% 的地區屬於冰川。雅青冰川面積 75 平方公里，希斯帕爾冰川 53 平方公里，並在希斯帕爾‧拉（海拔 5154.16 公尺）與比弗冰川相連結，形成長 116.87 公里的冰川走廊。巴都拉河長 58 公里，在它的上游有長 62 公里的巴爾托羅冰河，由 30 多條支流構成面積達 1291.39 平方公里的巨大冰川。

由於高山阻隔，北部高山區交通極為不便，因而一些山口成為南亞通向外界的交通要衝。著名的山口有巴布薩爾山口，海拔 4544 公尺，連接阿博塔巴德和吉爾吉特；拉瓦賴山口，海拔 3120 公尺，連接白沙瓦和吉爾吉特；山杜爾山口，海拔 3723 公尺，連接奇特拉爾和吉爾吉特。值得一提的是，由中國援建、中巴兩國 15 萬名工程人員經過 10 年戰天鬥地於 1978 年建成的喀喇崑崙公路，全長 774 公里，海拔 899 公尺，是世界上海拔最高的全天候公路。它東起中國新疆，西到巴基斯坦的吉爾吉特，將中巴兩國公路網連結在一起，對增進兩國友誼發揮了重要作用，所以，它被譽為「今日絲綢之路」。

　　高山、冰川、冰河和寬闊的湖泊、綠色的河谷形成了許多度假旅遊勝地。西部的吉爾吉特、罕薩、雅辛是著名的旅遊避暑勝地。東部的奇特拉爾河谷、迪爾河谷、卡干河谷、斯瓦特河谷，有清澈小溪、茂密的松樹、檜類植物和珍稀的動物、植物群，風景優美，氣候宜人。這些河谷成為巴基斯坦極富盛名的旅遊避暑勝地。在高山區南側，地勢逐漸下降，在巴基斯坦首都伊斯蘭馬巴德附近的馬加拉山和喀布爾河北面的斯瓦特和奇特拉爾山，海拔已降到 610 公尺到 910 公尺。

　　高山區的氣候雖因海拔和坡向不同而有不同，但總的來看每年 11 月到來年的 4 月，氣候嚴寒，每年 5 至 7 月氣候溫和。高山區南側，雨量充足，植被茂盛，主要樹種有喜馬拉雅雪松、松樹、楊樹和柳樹。高山區北部和北側因無雨水，亦無樹木。這裡的牧民每年趕著牲畜定期遷移。冬季，他們遷至平原，而夏季則遷至山區。常年定居的農民種植玉米、穀類、大麥、小麥和稻米等農作物，在一些臺地，還種植蘋果、杏樹、李樹和葡萄。在山區北部的深谷，居住著蒙古利亞人和亞利安人部落，他們與外界很少聯繫，經濟落後，生活方式簡單。他們雖屬於不同的種族，不同的部落，但他們都信奉伊斯蘭教，宗教是他們生活中必不可少的內容。每天清晨，從清真寺傳出阿訇祈禱的召喚聲，迴盪在靜寂的深山峽谷，從而為這裡居民的生活增加了更加神秘的氣氛。

　　在人跡罕至的地區，仍存在各種生物：飛禽、走獸、爬行類動物、昆蟲和各種植物。其中犛牛最為常見，牠不僅易馴服、能負重，而且肉質鮮美。為維持生態平衡，保護珍稀動物，巴基斯坦已制定法律，禁止在北部高山區狩獵。

五、西部低山區

　　東起印度河，西至巴基斯坦與阿富汗邊境，北起喜馬拉雅山西段南麓和南北走向的奇特拉爾山和斯瓦特山，南到戈馬爾，它包括了西北邊境省的大部分。西部低山區地形複雜，以丘陵、低山、和山間盆

地為主，也有個別高山。喀布爾河以北的穆罕默德山和馬拉坎德山，海拔從 1524 公尺至 1829 公尺不等。山區到處可見乾涸的河床、岩石和懸崖，偶爾能見到粗纖維禾草、低矮灌叢和棕櫚樹。喀布爾河以南是科赫－伊－索菲德山，平均海拔在 3000 公尺以上，最高的斯卡拉姆峰，海拔 4761 公尺。此山之南是科哈特山和瓦濟里斯坦山，海拔 1500 多公尺，古勒姆河和托奇河穿流其間並與南面的戈馬爾河相連。整個地區主要是石灰岩和沙岩，山丘乾旱貧瘠。

　　戈馬爾河以南是蘇萊曼山，南北走向，全長 483 公里，塔赫特・蘇萊曼為其最高峰，海拔 3443 公尺。山脈的南端為較低的馬里山和布格提山。該地區地貌變化大，有無數懸崖、陡坡、小高原和沖積盆地。蘇萊曼山之間是基爾塔爾山，它構成俾路支高原和信德平原的分界線。基爾塔爾山由一系列連綿不斷的山脊組成，在兩山脊之間有寬闊的淺谷。最高峰是庫特吉卡巴爾（意為「狗的墳墓」），海拔 2100 公尺左右。山丘多岩石，荒涼、貧瘠，只能餵養山羊、綿羊。但是，山谷植被較好，有青草和灌木叢，在海拔 1300 公尺以下可種植農作物。

　　西部低山中有許多山間走廊，因其地理位置特殊，成為南亞通向中亞、西亞的交通要道。許多世紀以來，無數國王、將軍、士兵、傳教士等歷史過客，匆匆從這裡經過，他們所從事的事業在人類編年史上產生了重大影響。最著名的山口通道是開伯爾山口通道，它全長 56 公里，連接阿富汗首都喀布爾和巴基斯坦西北邊境肥沃的白沙瓦河谷；托奇山口通道，連接阿富汗的加茲尼和巴基斯坦的班努；戈馬爾山口通道，連接阿富汗和巴基斯坦的德拉・伊斯梅爾・汗；波蘭山口通道，連接俾路支省首府奎達、信德平原和阿富汗的查曼。

　　在西部低山區中，由河流沖積而成許多肥沃的山間平原。從北到南有白沙瓦河谷地、科哈特平原和班努平原。白沙瓦河谷面積 5698 平方公里，東西長 115 公里，南北最寬處為 83 公里，喀布爾河由西北向東南流經白沙瓦河谷，注入印度河。河谷覆蓋著厚厚的沖積土，極其肥沃。喀布爾河和人工修建的沃爾瑟格水壩為工農業提供了充足水源。

河谷大量種植小麥、玉米、甘蔗、甜菜。在白沙瓦、馬爾丹、瑙謝拉和查薩達興建了許多大工廠，其中位於馬爾丹和查薩達的糖廠是亞洲最大的製糖廠。

科哈特平原地表不平坦而且不連續，但土壤肥沃。東起印度河岸，西至漢古，東西長約 96 公里，南北寬度不一，在科哈特附近寬 10 公里。科哈特河及其坦達水壩和因修堤築壩形成的貯水池、管井成為工農業水源。河谷地區出產小麥、大麥、綠豆、玉米、稻穀和甜瓜、西瓜等。科哈特，是重要的商業中心和軍事重鎮。班努低地由古勒姆河和托奇河沖積而成，面積較小，而且土壤中多含沙礫。在托奇河上修建的古勒姆、加利大壩為常年用水提供了條件。多種植小麥、大麥、綠豆、稻穀和甘蔗。在科哈特和班努河谷未得到灌溉的地區，居民多以養殖山羊、綿羊、駱駝、驢為生，皮毛是其最重要的商品。

六、波特瓦爾高地

通常又稱波特瓦爾高原。位於北部高山區之南，鹽嶺山脈以北，東西以傑盧姆河和印度河為界。高原東西長約 240 公里，南北寬約 96 公里，面積 1.82 萬平方公里。海拔在 305 至 610 公尺之間。北部有海爾穆拉德和卡拉吉達山脈，南部有鹽嶺山脈的支脈。高原表面崎嶇不平，岩石風化裸露，氣候乾燥少雨。兩條季節河流哈羅河、索安河從北部和中部由東向西流貫高原，注入印度河。東部甘什河由北向南流經高原，注入傑盧姆河。這些河流和山間洪流切割高原，形成許多深谷。但農業完全依賴天雨和在河流上修建的小型水庫。在河谷平地和斜坡，種植小麥、大麥、高粱、珍珠粟和豆類作物。今天已在拉瓦爾品第、伊斯蘭馬巴德建立了一些工廠，在塔克西拉—瓦赫—哈桑納巴德建立了一個大工業區。在豪威爾—杜利安發現油田。在索安河谷有古代文化遺址，塔克西拉佛學院聞名世界。在拉瓦爾品第老城的北部是巴基斯坦首都伊斯蘭馬巴德，距首都不遠的穆里山區是巴基斯坦著名的避暑勝地。

　　將波特瓦爾高原與旁遮普平原分開的鹽嶺山脈，作東北－西南走向，與傑盧姆河平原平行。山脈全長 240 公里，平均海拔約 700 公尺，最高點為薩克薩爾，海拔 1522 公尺。在薩戈達縣附近，海拔 1500 公尺左右，夏季氣候宜人。山脈南面山岩陡峭，風化嚴重；山脈北側地勢平緩，多植被。山脈頂部有狹窄封閉高地和盆地，生長有矮小樹木。在加拉伯克和庫拉地區有巨大的鹽田，在丹多特和馬克瓦爾有豐富的煤礦。

第二節　巴基斯坦政治中心

一、初定喀拉蚩（1947 年 8 月 15 日～1959 年 9 月）

　　1947 年 8 月 15 日，巴基斯坦自治領成立，喀拉蚩被選為新國家的首都。喀拉蚩有幸成為巴基斯坦第一個首都，其原因如下：第一，印巴分治之初，只有信德省有能力承擔建都的任務。巴基斯坦自治領成立後，百廢待興，建國任務相當繁重，又有從印度湧入巴基斯坦的數百萬難民急需安置。而在旁遮普省等富庶的地區，教派矛盾仍然存在。另外，西北邊境省地處邊遠山區，交通不便，經濟文化相對落後；俾路支省自然條件差，荒山禿嶺多，土地貧瘠，經濟文化水平低；旁遮普雖富裕，但它的經濟政治文化中心拉合爾，與印度相距太近；東巴基斯坦與西巴相距遙遠，而且可選擇的城市達卡，自然災害頻繁。第二，信德省的喀拉蚩，地理位置優越，水陸交通十分便利。它位於印度河三角洲，瀕臨阿拉伯海，是一個天然良港。1947 年 4 月 16 日，信德省政府表示願意讓聯邦政府設於喀拉蚩；7 月，信德省總理古拉姆·侯賽因·希達葉都拉正式提出建都於喀拉蚩的建議，真納隨即表示接受。

　　1948 年 7 月 23 日，真納頒佈了聯邦首都的法令，宣佈喀拉蚩為憲法首都。喀拉蚩的行政管理，包括機場、港口、鐵路總部以及沿海

各島嶼，也於同時移交給聯邦政府。哈希姆·拉縶為第一任首都行政首腦。從定都開始到 1959 年 9 月，共有 6 任總督或總統和 7 任總理在喀拉蚩供職。在短短的 12 年中，有如此多的總督或總統和總理任職，反映了建國之初，巴基斯坦政局變化頻繁。但同時也應注意，在這 12 年中，聯邦政府從喀拉蚩發號施令，統領全國，建立了各級行政機構，鞏固了國防，安置了數百萬難民，為經濟文化發展奠定了基礎。更應注意的是，巴基斯坦得到了伊斯蘭世界和國際社會的廣泛承認，進入了國際社會大家庭。

但是，在喀拉蚩設都，存在許多難題：第一，人口壓力大，基礎設施建設滿足不了人口增長。1941 年，喀拉蚩人口僅 40 萬左右，而 1951 年猛增到 101.8 萬。其中主要是來自印度的穆斯林難民，其次是大批商人、企業家和聯邦政府的工作人員。由於人口非自然增長速度過快，基礎設施建設不可能跟上，從而造成住房、就業、衛生、交通乃至食品等嚴重問題。

第二，外來人與當地人、中央政府和信德省政府之間矛盾重重。由於外地人不斷湧入，影響了當地人的工作、生活條件，許多當地人日益不滿。在喀拉蚩歸屬問題上，中央政府和信德省政府之間的矛盾特別尖銳。1948 年 5 月 22 日，制憲議會決定將喀拉蚩從信德省劃分出來作為正式首都。信德省穆斯林聯盟理事會反對這項決定，於 6 月 11 日開會通過了反對分割喀拉蚩的聲明，並成立了組織遊行示威和罷工的行動委員會。經過反覆協商，雙方達成初步協議，11 月 17 日，信德省政府遷至海德拉巴，中央政府向其提供了 200 萬盧比補助。但是，雙方在房屋交接、難民安置、信德省議會補缺選舉等問題上矛盾猶存。而且，由於首府未能得到水源和富庶的農業區，中央政府不能將喀拉蚩建成一個自給自足的首都，仍要受到信德省政府的牽制。最後。由於喀拉蚩瀕臨阿拉伯海，離印度和波斯灣都較近，作為首都，易遭到攻擊。

此外，中央政府的設置，加大了喀拉蚩的負擔，不利於其進出口

圖 3：喀拉蚩市景　Avari Towers 是喀
拉蚩最高的建築，也是俯視全市風光的
最佳選擇。

中心和國際海運樞紐等優勢的發揮；喀拉蚩人口眾多，城市擁擠，商
業氣息很濃，不利於政府正常工作；生活必須的水和食品需從外地運
入，既難於滿足人口需要，又增加了交通運輸困難；氣候炎熱、疾病
多，政府工作人員每年必須到氣候宜人的地方休假，從而增加了政府
的醫療衛生開支。所有這些不利因素，迫使中央政府另行選擇新首都。

二、營建新都伊斯蘭馬巴德

　　1959 年 1 月 21 日，阿尤布・汗總統下令組建有氣象、鐵路、水
利、電力、農業等方面官員和專家參加的委員會，對首都問題進行詳
細的考察和論證，委員會由總參謀長葉海亞・汗負責。6 月 12 日，首
都會議原則通過了委員會所提出的報告。同年 7 月 15 日，正式發表了
委員會起草的報告，報告明確提出喀拉蚩不宜作為首都，而且全國也
沒有哪一座城市可改建成首都。委員會認為只有波特瓦爾地區拉瓦爾
品第附近宜於建設新首都。

　　在該地區營建新都，有許多有利條件。新都位於波特瓦爾高原西
北端，北緯 33°36′ 至 33°39′、東經 62°50′ 至 73°24′，海拔 503 至 610
公尺，最高點海拔 1604.5 公尺。有山脈、丘陵和開闊平地。北有海拔

1500 公尺的馬爾格拉山為屏障，西部是淺丘，東南部是林木繁茂的開闊地，縱橫交錯的小溪和河流流經其間。這些河流和降雨為城市生活和農業提供了充足水源。自然災害少，且環境優美。這裡屬亞熱帶季風氣候，一年主要分為旱季和雨季。年平均降雨量 1143 公釐，大部分集中在雨季。冬季雨量少，馬爾格拉山有降雪。4 至 9 月平均最高氣溫 34.2°C，平均最低氣溫 24.4°C；10 月至來年 3 月，平均最高氣溫 16.7°C，平均最低氣溫 3.4°C。冬季氣候溫和宜人；夏季較炎熱，但因空氣濕度低，並不悶熱，加之降雨量充沛，可以緩解炎熱度。總之，新都氣候條件比喀拉蚩等地優越。

另外，該地區自然資源豐富。波特瓦爾高原北部地區土地肥沃、糧食和蔬菜供應充足；高原地區的石油和煤炭資源，可向新首都提供燃料和電力；建築用的石料和大理石礦藏較豐富。公路和航運設施齊備。此外，建都所徵土地只需 4.5 萬英畝，遷移的人口 5 萬，這比改造舊城方便。

1959 年 9 月，阿尤布·汗總統下令成立聯邦首都委員會，制定新都建設規劃。委員會由地形、地質、氣候、供水、通訊、電力、衛生、人口、教育、城建規劃、土地利用、建築材料、財政、城市設施、地區歷史、行政事務立法等 16 個分委員會組成，這些分委員會對所負責的項目進行具體勘測、考察和分析，並提出報告。僅該地區歷史一項，報告書就長達 300 多頁，從石器時代一直寫到巴基斯坦獨立。

1960 年 5 月 24 日，阿尤布·汗總統主持通過了總體規劃，並進一步指出，「首都不應當是工業或商業中心，只應當是首都」。應該把新首都建成「一座花園和花的城市，使全城看起來像一塊美麗的地毯」。6 月 22 日，總統下令成立首都發展局，具體負責新都的建設。8 月 2 日，總統發佈命令，從 1959 年 10 月 20 日起，至新首都建成，拉瓦爾品第作為中央政府臨時所在地。

經過廣泛徵求意見，新首都取名為「伊斯蘭馬巴德」。根據希臘建築規劃專家道格拉西厄迪斯制定的總體規劃，新首都區總面積為

1165.5 平方公里，其中包括拉瓦爾品第（259 平方公里）、伊斯蘭馬巴德市區（220.15 平方公里）、公園區（220.15 平方公里）和農業區（466.2 平方公里）。此外，還劃有郊區 3626 平方公里。市區、公園區和農業區合稱為聯邦首都區，由首都發展局負責建設。拉瓦爾品第和特別區仍屬地方，但其建設必須與首都發展局協商，以保持和諧一致。

伊斯蘭馬巴德市區從馬爾格拉山麓，平行延伸至克什米爾路，這是建設的重點。市區又分為行政、外交使團、公共事業、住宅和輕工業五個區。行政區位於市區的東部，中央秘書處、總統府、議會大廈、最高法院集中在這裡。外交使團區位於行政區的南面。公共事業區位於行政區以西，包括國家銀行、電報電話局、廣播公司、電視公司等。住宅區位於公共事業區以西，在面積為 3.1 平方公里的正方形住宅小區之間，有筆直的街道和綠樹成蔭的綠化帶。每個住宅小區中心有商店、銀行等輔助設施。輕工業區位於克什米爾路以南到拉瓦爾品第方向，其中分佈有住宅、學校和政府部門。

圖4：伊斯蘭馬巴德是現在巴基斯坦的政治中心，圖中的建築物為總理官邸。

公園區位於市區以東，包括夏克巴利安山、玫瑰與茉莉公園、農場、養禽場等。區內還設有科研機構。市區的北面和南面以及公園區東面是農業區，種植農作物和水果。馬爾格拉山以北為森林與動物保護區。穆里 (Murree) 位於伊斯蘭馬巴德西北方 40 公里以外喜馬拉雅山的山腳下，是由英國人開發的眾多荒山之一。由於它清爽宜人的氣候，今天受到眾人的青睞。在遷移至西姆拉之前，這裡一直是巴基斯坦的夏都。這裡交通便利，從伊斯蘭馬巴德驅車至此僅需 90 分鐘左右。公路兩邊有無數小莊園，除了特雷特 (Tret) 村莊外，山坡上全是松樹和喜馬拉雅雪松。在通往南廓特 (Nandkot) 的路上，有一座廢棄的舊兵營。在海拔 1500 公尺高處是 GhorA Gal（意為馬市），人們經常在這裡交換馬匹。也有一些政府機關，如警察局、軍隊瞭望所和教育中心等。

在夏季，穆里很受人們青睞，來休閒旅遊的人很多。但到了冬天，這裡很冷，是一個冰雪的世界。這時，它成了眾多來巴基斯坦的旅遊者們留戀忘返的神話世界。在穆里，最熱鬧繁華的地方是一條叫摩爾 (Mall) 的大街。這裡有許多的旅店、商店、餐館及其他娛樂場所，當然，還有許多清真寺。

在修建首都以前，先進行了一系列基礎設施建設。首都發展局成立了專門搬遷機構，撥出 1.6 億盧比專款和 9 萬英畝土地，用於安置搬遷戶。在索安河修建了西姆里水庫，每日提供 4000 萬加侖水，管井和泉水每日可提供 500 萬加侖。修建了汙水處理系統，在遠離市區的地方建了汙水處理池，鋪設了 60 萬公尺的長鋼筋混凝土管道；此外，還修建了 36.2 公里長的排水溝，以排除雨季所帶來的雨水。供電電纜預埋於地下。

除城市基本設施以外，首都建設的重點是中央政府機構、廣播電視、郵電等公共設施；其次是文化教育設施、市場、飯店、清真寺等。據統計，到 1982 年 6 月，徵地、供水、道路、中央政府、清真寺等 36 個項目，共投資 23 億盧比。政府鼓勵私人建房，長期免徵房屋稅。伊斯蘭馬巴德的大規模建設，開始於 1961 年，到 1970 年初步建成。經

過巴基斯坦政府和人民的努力，今天，伊斯蘭馬巴德已成為巴基斯坦的政治中心和文化中心。

伊斯蘭馬巴德全市公園星羅棋佈，到處綠樹濃蔭；草坪、噴泉和鮮花盛開的花壇，一年四季都鬱鬱蔥蔥。城市南邊夏克巴里安山上的玫瑰與茉莉公園，也是伊斯蘭馬巴德的一景。山頂上還專門闢有一塊來訪園地，供外國來訪領袖植樹留念。伊斯蘭馬巴德依山傍水，風光綺麗，除馬爾格拉山森林區外，城市綠化也成績斐然。全城已植樹 1100 多萬株，綠化面積達 3036.6 公頃。一年四季馬路兩旁綠樹流翠，整個城市掩映在綠樹叢中，繁花似錦，姹紫嫣紅，伊斯蘭馬巴德成為一座名副其實的花園城市。

伊斯蘭馬巴德有許多歷史古蹟文化設施。雄偉、壯麗的費薩爾大清真寺屹立於馬爾格拉山麓、伊斯蘭馬巴德的北面。它建於 1976–1987 年間，佔地 18.9 萬多平方公尺，祈禱廳的拱形圓頂高達 40 公尺，室內可容納 1 萬人同時禮拜；清真寺的塔尖高 88 公尺。費薩爾大清真寺是巴基斯坦、也是世界上最大的清真寺之一，堪稱當代宗教建築之傑作。由於它是已故沙烏地阿拉伯國王費薩爾資助興建的，故命名為費薩爾大清真寺。大清真寺為金字塔形，採用最先進的技術和建築材料。宣禮塔內設有電梯，可將遊客送至 58 公尺高處。燈光及立體聲音響設備都是經過精心設計的，富有特色。一排排高級的電風扇和空調把清真寺的裝備提升到現代化的水平。大殿高 40 餘公尺，面積 4800 多平方公尺，鋪著圖案古樸的地毯，可容納萬人同時禮拜。大殿南北兩壁均設有放置《可蘭經》的書架和閱讀座位，供信徒們頌經。大殿北側有一個宣禮臺。殿外四角聳立著 4 座 87 公尺高的宣禮塔，其上部 4 公尺及塔尖均鍍以黃金，在陽光照射下，光彩奪目。禮拜大殿、清真寺正面和左右兩翼的迴廊、庭院以及周圍的空地，可容納 10 萬人禮拜。大清真寺四周的廣場，還可容納 20 萬人禮拜。費薩爾大清真寺成為伊斯蘭馬巴德的象徵。

費薩爾大清真寺東邊，設有伊斯蘭大學、伊斯蘭博物館、圖書館、

圖5：大清真寺　費薩爾大清真寺是世界上最大的清真寺之一。

清真寺管理處等機構,寺前廣場有巴基斯坦前總統齊亞·哈克的陵墓。
伊斯蘭馬巴德以西 20 多公里處,有著世界遺產塔克西拉考古遺跡,它
於 1980 年被聯合國教科文組織列入《世界遺產名錄》。塔克西拉原稱
「塔克哈西拉」,梵文的意思為「石雕之城」。塔克西拉地處連接中亞
和西亞的通商道路古絲綢之路上。西元前 7 世紀,這裡已經成為一座
繁華的城市。到西元前 5 世紀,波斯大流士帝國曾一度統治塔克西拉。
西元前 3 世紀,印度孔雀王朝統治時期,阿育王將佛教定為國教,塔
克西拉成為朝聖者雲集、香火鼎盛的佛教聖地,同時又成為佛教、哲
學、藝術研究交流的中心。西元 405 年,中國晉代高僧法顯到達這裡,
並在這裡及帕塔利桑特拉居住了 6 年,從事佛學研究。中國唐代高僧
玄奘也曾到過這裡,城裡至今還保存著玄奘的講經臺和他居住過的房
屋遺址。塔克西拉城中保存著許多古老的佛教建築。在一座巨大的佛
塔四周,建有 4 座體現犍陀羅佛教藝術風格的寺廟,廟宇和佛塔上刻
有大量的人物浮雕。

　　西元前 2 世紀建起的瑟卡城,是一座軍事要塞。四周建有厚 4.5–
6.8 公尺的白石圍牆,圍牆總長約 5500 公尺。瑟卡城在西元前 1 世紀
時被庫昌人摧毀。1980 年,人們在這兒發現了西元前 3000 年至前 2000

年的陶器。這說明，這座古城可能是南亞地區人們最早聚居的城市之一。塔克西拉博物館還珍藏有大量出土的碑文、錢幣、器皿和寶石等。城郊的穆赫拉穆拉杜和賈烏利安還保存著幾尊據說有 1000 年歷史的石刻大佛，佛像雕刻細膩、神態生動。

　　1981 年以前，伊斯蘭馬巴德的規劃和建設全由首都發展局負責，行政和治安等隸屬於拉瓦爾品第。從 1981 年 1 月 1 日起，伊斯蘭馬巴德首都區直屬聯邦政府管轄，其行政權力由總統或總統任命的行政官行使。與此同時，建立了若干相應的行政機構。市區建設仍由首都發展局負責，鄉村地區的發展工作歸行政官管轄。但行政官管轄下的聯絡委員會仍與首都發展局保持密切聯繫，以求協調。伊斯蘭馬巴德仍在繼續建設之中，但它已經以自己寧靜、幽雅、秀麗的風格，屹立於世界首都之林。

第三節　河流、湖泊與氣候

一、巴基斯坦的河流與湖泊

　　巴基斯坦的河流主要是印度河水系，注入阿拉伯海。在俾路支高原和西北部山地有一些內流河，但流量極小；在西南沿海有一些獨流入海的小河。

　　印度河發源於中國西藏高原的岡底斯山岡仁波齊峰北坡，稱獅泉河。印度河奔流於高山深谷之間，繞過南伽峰之北，切穿喜馬拉雅山西緣，南折流入巴基斯坦。有些河段陡岸高達 1200 至 1500 公尺，其中在南伽峰（海拔 8126 公尺）附近的印度河大轉彎處，峽谷深達 5180公尺。印度河自北而南流貫印度河平原，注入阿拉伯海，全長三千多公里，年徑流量達 2080 億立方公尺，流域面積達 96.6 萬平方公里，是亞洲最長的河流之一。印度河水源主要來自季風降雨和北部高山區冰雪融水，因而一年有兩次汛期，3 至 5 月為春汛，7 至 8 月為伏汛。

季節流量變率極大，冬季枯水期與夏季洪水期相差達 10 至 16 倍。

印度河以加拉巴格切斷鹽嶺為界，加拉巴格以北為上游，自加拉巴格到海德拉巴為中游。上游長約 1368 公里，落差大，水流急，水力資源豐富；中游長 1600 多公里，落差小，河面寬闊，流速緩慢。中主游多支流。自海德拉巴到入海處為下游，長約 150 公里。此段河床平緩，泥沙淤積量大，河床常高於地面，洪水季節容易氾濫成災，因而兩岸築有防護堤。印度河通航價值小，但因大部分流經乾旱區，富灌溉之利，幹、支流修築眾多水利工程，40% 的河水用於灌溉。印度河上游的主要支流有來自喀喇昆侖山的什約克河和來自興都庫什山脈的吉爾吉特河、喀布爾河等，其中喀布爾河流量較大。

印度河中游的主要支流有傑盧姆河、奇納布河、拉維河、薩特萊傑河和比亞斯河。傑盧姆河發源於克什米爾山谷的韋爾納格深泉。主要流經克什米爾和巴基斯坦與印度控制的克什米爾邊界，在章馬吉亞納附近與奇納布河匯合。全長 725 公里，流域面積達 6.35 萬平方公里，年流量佔印度河年流量的 13%。薩特萊傑河發源於中國西藏高原的蘭戛錯湖，流經印度喜馬偕爾邦，在費羅茲普爾北面進入巴基斯坦，在馬齊附近與奇納布河匯合。全長 1450 公里，流域面積 39.5 萬平方公里，佔印度河流域年流量的 16%。奇納布河發源於喜馬拉雅山脈西端印度境內。流經克什米爾，在阿赫努爾附近流入巴基斯坦，在馬齊附近和傑盧姆河匯合，最後又與薩特萊傑河相匯合。全長約 1200 公里，流域面積 13.8 萬平方公里，佔印度河年流量的 14%。拉維河發源於印度喜馬偕爾邦山區。從伯索利以南的馬多普爾附近流入巴基斯坦，在錫德奈附近注入奇納布河。全長約 725 公里，流域面積 1.16 萬平方公里，佔印度河年流量的 40%。

印度河下游因受蘇萊曼山脈和沙漠的影響，沒有大的支流。較有名的是印度河下游接納的巴冷河，常年有水，對喀拉蚩平原的灌溉有重要意義。印度河流經次大陸最乾旱的地帶，這些地方降水稀少，蒸發量又特別大，所以印度河提供的灌溉水源特別重要。1960 年代，巴

圖 6：印度河下游的漁夫　印度河下游
支流星羅棋佈，漁業和航運十分發達。

基斯坦為了綜合治理和利用印度河，實施了龐大的「印度河河谷發展
計劃」，歷時 14 年，於 1974 年基本完工。在印度河上修建了塔貝拉水
壩和曼格拉水壩，前者蓄水量達 150 億立方公尺，後者儲水 80 億立方
公尺；開挖了 6 條共長 640 公里的連結渠，修築 5 座巨型攔河壩及 1
座虹吸管。印度河、傑盧姆河、奇納布河上游西水東調至旁遮普平原，
總調水量達 148 億立方公尺。這些水利工程擴大了灌溉面積，並兼防
洪、發電、漁業之利。

二、巴基斯坦的氣候

巴基斯坦地處熱帶季風區西緣，除西部沿海為熱帶季風區外，大
部分屬熱帶乾旱和半乾旱氣候類型。由於北有高山屏障，巴基斯坦全
國均溫比亞洲東部同緯度地區高。根據地形差異所帶來的氣溫變化，
巴基斯坦可分為四個氣溫區：印度河三角洲地區、印度河平原、西部
俾路支高原地區、北部高山區。

印度河三角洲地區，因受阿拉伯海的影響，空氣濕度大。4 至 6 月
天氣悶熱，平均氣溫達 29°C，12 月至來年 3 月，天空晴朗，陽光充足，
氣候宜人，1 月份平均氣溫可達 20°C。印度河平原是典型的大陸性氣
候區，4 至 6 月與 12 月至來年 3 月的溫差較大，4 至 6 月為熱季，平

均氣溫在 25°C 以上，5 月和 6 月平均最高氣溫一般可達 40°C 以上，雅各布阿巴德 6 月平均氣溫達 36.5°C，絕對最高氣溫竟達 52.2°C，是南亞的「熱極」。西部俾路支高原地區冬季和夏季、白天和黑夜溫差大。7 月份白天氣溫可達 35°C 以上，早晨則只有 15°C。11 月至來年 2 月早晨最低氣溫均在 0°C 以下。北部高山區是巴基斯坦氣溫最低的地區。12 月至來年 3 月，氣溫低，天氣寒冷，常有霜凍和暴風雪。最低氣溫 1 月份平均在 −7°C，整個 1 月份平均氣溫為 2.8°C；4 月至 6 月氣候涼爽，6 月平均氣溫 21.2°C，平均最高氣溫為 27°C。

根據巴基斯坦一年中的氣候變化，可分為四個季節。每年 4 至 6 月為熱季或夏季，通常氣候乾燥，5 月和 6 月的相對濕度早晨為 50%，午後為 25% 以上。氣溫可達 40°C，沿海為 25°C 至 35°C，而濕度卻在 70% 至 80%。7 月至 9 月為季風季。7 月初西南季風開始到達巴基斯坦，7 月中旬後加強，一直持續到 8 月底，這個季節雨水多。10 至 11 月為短暫的轉換季，又稱季風後季。10 月份全國最高氣溫可達 34°C 至 37°C，而夜間卻相當涼爽，最低氣溫約 16°C。11 月氣溫下降 6°C 左右。10 至 11 月，平原地區相當乾燥。12 月至來年 3 月為冬季，這個季節天氣好，陽光充足，空氣濕度低，溫差大，平均最高氣溫和最低氣溫為 18°C 和 4°C。

巴基斯坦降水稀少，全國 3/5 的地區年降雨量在 250 公釐以下。西部俾路支高原和西北部分山區以冬春降雨為主，降水量自北而南遞減，北部為 250 至 400 公釐，南部為 100 至 200 公釐，哈蘭沙漠僅 50 公釐。北部高山區以春夏降雨為主，是全國多雨區，年降雨量可達 1000 至 1500 公釐。東南部平原以夏雨為主，多暴雨，雨量集中在 6 至 9 月的西南季風期，佔全年降雨量的 60% 至 70%，全年降雨天數僅為 10 至 20 天。旁遮普平原山麓地帶為 350 至 500 公釐，信德平原為 100 至 200 公釐，塔爾沙漠地區在 100 公釐以下。沿海地區因受阿拉伯海影響，雨量可達 150 至 250 公釐。全國大部分地區氣候乾燥，所以，巴基斯坦農業屬於灌溉農業。

第四節　礦物與動植物

一、巴基斯坦礦產資源豐富

目前已發現的礦業資源有鉻鐵礦、煤、石油、天然氣、鐵、銅、鈾、鹽、石膏、硫磺、銻礦、重晶石、天青石、皂石、瓷土、白雲石、長石、耐火土、螢石、漂白土、寶石、金礦、磷鐵礦、錳礦、大理石、矽等 47 種。根據最新統計數字，巴基斯坦已探明的原油儲量為 6.68 億桶。主要分佈在伊斯蘭馬巴德西南面坎貝爾普爾縣的圖特油田和南面德拉加齊縣的多達克油田。其他較大的油田有豪威爾─杜利安、約亞邁伊爾、巴爾克薩爾、米亞爾、阿邊、喀斯克里、拉加利、費因克薩和帕塞基等。巴基斯坦公佈的最新官方數字表明，巴基斯坦天然氣儲量相當豐富，達 36.18 萬億立方英尺。天然氣主要分佈在蘇伊和烏奇地區。位於俾路支省的蘇伊氣田儲量特別大，佔巴基斯坦天然氣總儲量的 77%。其他比較大的氣田有馬里、巴丁、達赫里、皮科赫、洛提、多達克、托特、科塔爾、羅德霍、南德普爾、潘吉皮爾等。近年來巴基斯坦在阿拉伯海沿海發現海上油氣田。

煤礦儲量豐富。在信德的塔爾沙漠發現的煤礦儲量，估計超過 1000 億噸。另外在旁遮普省的鹽嶺和俾路支省的拉斯比拉─胡茲達爾等地也發現煤層。但，煤礦品質不佳，多不宜冶金、發電和火車使用，主要用於水泥、化肥生產和製磚。鉻鐵礦則主要分佈在俾路支省的查蓋地區。重要開採地有奎達的欣杜巴格，這是世界上最大的鉻鐵礦之一。另外有白沙瓦附近的馬拉坎德、查蓋的卡蘭等礦點。1970 年代初探明的儲量為 300 萬噸，今天探明的儲量遠遠超過這一數字。鐵礦儲量約 4.3 億噸，主要分佈在俾路支省的查蓋山區、旁遮普省印度河西岸的蘇萊曼山區和西北邊境省南部及東部等 20 多個礦點。巴基斯坦西部地區的鐵礦儲量小而含鐵量高（50% 以上），中部和北部地區的鐵礦

儲量大而含鐵量較低（在 30% 左右）。

　　錳礦主要分佈在哈拉縈、拉斯比拉、白沙瓦、奎達等地，具體儲量還未探測清楚。鋁土礦儲量大約為 7400 萬噸，主要分佈地區是鹽嶺山脈的薩戈達縣，鹽嶺西部的穆薩凱爾，克什米爾的木縈臘巴德、米爾普爾和伊斯蘭馬巴德南部的科特利等。銅礦分佈廣，但主要集中西部邊境和北部山區。主要開採地有西北邊境省的奇特拉爾、北齊瓦里斯坦、迪爾，克什米爾的吉爾吉特，俾路支省的奎達一比欣、若布和旁遮普省的薩戈達。俾路支省查蓋縣薩因達克銅礦最為有名，估計儲量為 4.12 億噸。在這一礦區還有金礦、銀礦，價值 93 億美元。另外，銻礦儲量約為 2.7 萬噸，主要分佈地有西北邊境的奇特拉爾、白沙瓦和俾路支省的奎達。磷鎂礦儲量為 13 萬噸，主要分佈在俾路支省的若布縣。白雲石儲量豐富，主要集中在旁遮普省的薩戈達。石灰石儲量也相當豐富，主要分佈在信德省、西北邊境省、鹽嶺和哈拉縈等地。重晶石儲量 750 萬噸，皂土 10 萬噸，天青石 32 萬噸，瓷土 49 萬噸，耐火土超過 1 億噸，螢石 10 萬噸，石膏 3.5 億噸，岩鹽 1 億噸以上，皂石 100 萬噸。後來又在杜達爾發現鋅礦，儲量 60 萬噸，價值 2 億美元。蘇爾瑪依鋅礦儲量更大，約為 200 萬噸。

　　總之，1947 年巴基斯坦獨立以來，政府重視礦產資源的勘探和採掘。1947 年僅開採 5 個礦種，價值僅 4.6 億盧比。到 1986 年，巴基斯坦已開採 35 個礦種，其中僅煤、銅、鐵、鋁、銀、鋅、錳、大理石、瓷土以及磷礦等價值就達 7585.3 億盧比。2000–2001 年，礦產業對國內生產總值的貢獻是 0.5%，2002–2003 年增長了 9.5%。2004 年，巴國借助外資成功地開採了近海石油，取得了可喜的成績。

二、巴基斯坦的動植物

　　巴基斯坦山區佔國土的 3/5，所以動物種類多，而且在北部高山區有珍稀動物。常見的有山羊、綿羊、羚羊、黃羊、野驢、野豬、猴、豹、熊、鬣狗、狐狸、豺、狼、蛇等。鳥類品種多達 100 多種。主要

有鷹、兀鷹、孔雀、鸚鵡、蒼鷺等。巴基斯坦平原地區和沿海水產資源豐富，尤其是喀拉蚩附近海域是世界最好的漁場之一，盛產龍蝦、小蝦（又稱白蝦）、墨魚、比目魚、鯧、石斑魚、弓鰭魚、笛鯛、蟹、鯰魚、銀色石鱸等。其中小蝦深受巴基斯坦人喜愛。小蝦、墨魚和比目魚大量出口，在國際市場上有一定影響。

巴基斯坦林業資源比較貧乏。據 2004 年統計，巴基斯坦森林覆蓋率僅為 4.8%，遠遠低於印度（其森林覆蓋率為 19.5%）和世界上其他國家。其原因主要是氣候乾燥，降雨量少和北部高山區常年被冰雪覆蓋。巴基斯坦政府計劃增加森林覆蓋面積，將森林覆蓋率提高到 20%，這是一個雄心勃勃的計劃，需要長時期努力。為此，政府發起全社會植樹運動。

從巴基斯坦現有植被來看，平原區主要是堅硬、韌性強的禾本科植物和耐旱、低矮的灌木叢；北部和西部山區植被因海拔高度和坡面不同而變化。海拔 915 公尺以下的山腳，長有法國梧桐、野生橄欖等；915 公尺至 1525 公尺則多為雪松和其他針葉樹。在海拔 1525 公尺至 1836 公尺的山坡，生長有三針長葉松；而在海拔 1836 公尺至 2745 公尺的山坡，主要生長有五針葉松。在 2745 公尺以上的地區，生長有櫟樹、七葉松、雲杉、冷杉、紫杉、白樺樹、檜屬植物和矮小的椰樹。在斯瓦特谷地和卡加河谷地區，生長有各種高山開花植物。在吉爾吉特地區的德奧塞高原，海拔 3965 公尺，面積 6475 平方公里，周圍有高山阻隔，在更新世紀，這裡為冰川覆蓋，沒有植物，現在生長的植物是從其他地區移植來的。德奧塞高原每年 11 月到來年的 7 月為冰雪覆蓋，植物只能在 8 至 10 月這三個月裡生長、開花、結果。

巴基斯坦水果豐富，品種多，質量高。主要有芒果、葡萄、梨、蘋果、香蕉、石榴、桃、李、木瓜、棗和各種柑桔。俾路支省西北部雨水多，陽光充足，出產的蘋果、梨、葡萄、杏、桃、櫻桃等，肉厚汁多，味甜，特別有名；在旁遮普的拉合爾、古加拉南瓦拉、薩希瓦爾、薩戈達等地盛產各種柑桔。

圖7：巴基斯坦北部山間的平原景致　乾淨的河水和肥沃的土地，
使得許多當地居民十分長壽，常常活到九十多歲。

第二章
巴基斯坦的主要省份與城市

巴基斯坦劃分為旁遮普省、信德省、西北邊境省、俾路支省，以及聯邦首都地區伊斯蘭馬巴德聯邦管轄部落地區。巴基斯坦實際控制克什米爾的一部分劃為聯邦管轄的北部地區及查謨和克什米爾。這兩個地區的人民持巴基斯坦護照，享有對該地政府的選舉權，不享有對中央政府的選舉權。

第一節　旁遮普省

一、自然與人口

旁遮普意為五河，是由傑盧姆河、奇納布河、拉維河、比亞斯河和薩特萊傑河沖積而成。由於該地區水源充足，土壤肥沃，一直是巴基斯坦的糧倉。

旁遮普主要是平原，南部有東西面的鹽嶺。從地貌特點看，旁遮普可分為 5 個主要的地區：北部山地、西南山地、波特瓦爾高地、上印度河平原和沙漠區。北部是喜馬拉雅山的餘脈穆累丘陵、卡哈塔丘陵和普比丘陵，西南是蘇萊曼山的餘脈，海拔不超過 1200 公尺，該地區乾燥貧瘠。波特瓦爾高地海拔 305 至 610 公尺，東邊是傑盧姆河，西邊是印度河，面積為 1.2944 萬平方公里。從南部的鹽嶺向北延伸至

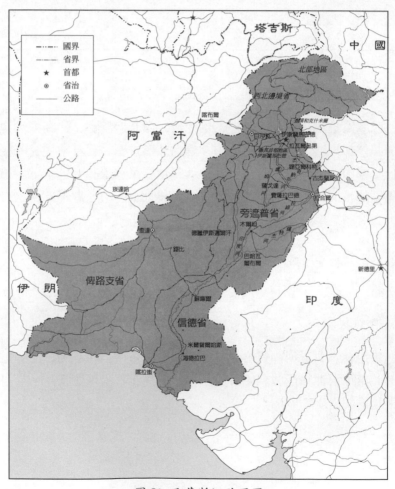

圖 8：巴基斯坦政區圖

卡拉奇塔山脈的南側和馬爾格拉丘陵。整個地勢由西北向東南傾斜。波特瓦爾地區是巴基斯坦最早發現石油的地區，現在集中了全國主要的油田和巴基斯坦全國第一家煉油廠。波特瓦爾地區屬拉瓦爾品第行政區管轄。上印度河平原包括拉合爾、木爾坦、古傑蘭瓦拉和費薩拉巴德行政區，以及薩戈達、D・G・汗和巴哈瓦爾布爾行政區的大部分。在薩特萊傑河的西南，有大片沙漠，面積達 259.2 萬公頃，佔巴哈瓦爾布爾行政區面積的2/3，分為大喬利斯坦和小喬利斯坦。由含鹽的沖積土組成，表面有低矮的沙丘、山脊和窪地。

從政治、軍事意義上講，旁遮普的地理位置十分重要，歷史上有許多外族國王、將軍侵入該地區。旁遮普的第一位征服者和第一位農耕者是埃及國王奧西里斯。此後，巴比倫人、希臘人、匈奴人、加茲尼人、塔塔爾人以及廓爾、哈爾吉、圖格魯克、洛迪、蘇里斯、蒙兀兒等穆斯林王朝先後在該地區建立統治。1849 年英國吞併該地區時，錫克人是該地區的統治者。蒙兀兒人統治時，旁遮普達到其黃金時代。蒙兀兒人在這裡建立了巨大的城堡、富麗堂皇的王宮、壯麗的清真寺和其他公共建築物。拉合爾、拉瓦爾品第、巴哈瓦爾布爾和木爾坦等規模巨大和漂亮的城市就是在這一時期形成的。旁遮普省有許多歷史、文化建築遺址，成為研究民族傳統文化的重要素材和人們旅遊觀光的好去處。較著名的巴德夏西清真寺、拉合爾城堡、蒙兀兒帝國沙・賈汗和他的王后的陵墓、阿托克和洛塔斯城堡、穆洛城堡、卡拉爾博物館、拉爾・蘇漢拉公園、古珊—伊—伊克巴爾和沙利瑪爾花園，詩人兼哲學家伊克巴爾的陵墓等等。

旁遮普省面積 20.5345 萬平方公里，佔巴基斯坦國土總面積的 25.8%。由 8 個行政區、30 個地區和 93 個區組成。最大的行政區是巴哈瓦爾布爾，面積 4.5589 萬平方公里，其次是 D・G・汗，面積 3.8781 萬平方公里，拉合爾行政區最小，面積為 1.6104 萬平方公里。拉合爾人口最多，佔全省人口的 19.4%，D・G・汗行政區人口最少，只佔全省人口的 8.8%。根據 1981 年統計，全省人口為 4729 萬。1998 年的人

口普查表明，旁遮普人口已達 7362 萬，佔全國總人口的 55.6%。人口密度為每平方公里 360 人，而全國每平方公里為 166 人。省內各行政區人口分佈不平衡，巴哈瓦爾布爾每平方公里只有 167 人，而拉合爾每平方公里達 885 人。

二、經濟與社會

旁遮普經濟中，農業佔主要成分，工業次之。耕地面積 1200 萬公頃，森林面積為 43.5 萬公頃，另外有 272 萬公頃的牧場。旁遮普擁有世界最大的灌溉系統，有 35.69% 的耕地面積完全由水渠灌溉，17.58% 的耕地由管井灌溉，另外的 44.78% 的耕地由水渠和管井共同灌溉。旁遮普是巴基斯坦重要的農業基地，農產品不僅滿足國內市場需要，而且大量出口。該省在國內生產總值中佔 22.4%。佔全國小麥產量的 73%，全國棉花產量的 87%，甘蔗產量的 53%，生產的上等稻米量在全國同類作物產量中所佔比例高達 95%；佔全國漁產品產量的 41%，水牛飼養量佔 71%，黃牛飼養量佔 50%，家禽飼養量佔 53%，綿羊和山羊的飼養量分別佔到 29% 和 36%。根據 1990 年的統計數字，旁遮普森林保護區面積為 32.6949 萬公頃。

1990 年，旁遮普省註冊的工業企業有 4075 家，其中有 854 家紡織廠，365 家軋棉廠，220 家鋼鐵廠，203 家電機設備和供電企業，127 家運輸設備企業，569 家食品加工企業，65 家製藥廠，53 家化工企業以及 213 家採礦企業。1989/1990 年度，產煤 308 萬噸，水泥 231.9 萬噸，化肥 201.8 萬噸，糖 76.5 萬噸，紙 12.8 萬噸。

古吉納瓦拉和達斯卡建有核能發電廠。達斯卡以製造柴油機、農業機器設備、發動機、洗衣機等著名。錫亞爾科特因製造體育用品和外科手術器械而世界聞名。費薩拉巴德是全國最大的動力紡織中心。謝胡普爾已發展成為包括人造纖維、聚脂纖維生產的化工業基地。木爾坦出產各種優質手鐲、陶器、瓷磚、皮製品、地毯、木版印刷品和刺繡品等。此外，旁遮普省小型工業企業佔有很大比例，吸收的勞動

力在製造業中佔 80%，提供 24% 的產值。小型工業企業主要集中在農村，所佔比例為 55%，其餘 45% 集中在城市，總數為 14.7601 萬家。這些企業生產手工地毯、手術器械、體育用品、毛巾、服裝、襪子、皮手套和特殊紡織品等。這些產品幾乎全都用於出口，佔巴基斯坦製造業出口商品的 45%。

旁遮普的礦藏主要用於商業開發。其中煤、石灰岩、石膏、岩鹽、矽石、普通石料、沙礫等產量高。另外，小規模開採皂土、鋁釩土、瓷土、鐵礦、大理石等礦。旁遮普主要的礦點有希拉、瓦查、卡拉巴赫等地的鹽礦；煤礦主要集中在丹多特、薩戈達和米安瓦里等地；鐵礦主要集中在卡拉巴赫、拉基姆和查克等地；鋁釩土集中在庫沙布、卡拉其塔山。

根據 1998 年統計，旁遮普省 10 歲以上年齡段的識字率為 46.6%，其中城市為 64.5%，而農村較低，只有 38%。而男女識字率相差很大：分別為 57.2% 和 35.1%。在農村，男子識字率為 50.4%，女子識字率只有 24.4%。在城鎮，男女識字率差別稍小一些，分別為：70.9% 和 57.2%。

三、主要城市

旁遮普省是巴基斯坦重要的經濟文化中心，大城市較多，最著名的有拉合爾、木爾坦、錫亞爾科特、拉瓦爾品第等。

1.拉合爾

拉合爾是巴基斯坦第二大城市，旁遮普省的首府。在巴基斯坦人中有這樣一句俗語：「一個巴基斯坦人要是沒有去過拉合爾就等於白活。」拉合爾位於印度河上游支流拉維河沖積平原上，潺潺的拉維河流經拉合爾的北方 1 公里處，距巴印邊界僅 27 公里。海拔 240 公尺，面積 332 平方公里。屬亞熱帶大陸性半乾旱氣候，夏熱冬涼，年平均氣溫 23°C，6 月最熱，最高氣溫達 41°C，最低氣溫 21°C。10 月最涼，月最高氣溫 21°C，最低氣溫為 4°C。年降雨量為 500 公釐。降雨最多

的 7 月為 140 公釐，最少的 11 月只有 3 公釐。拉合爾是印度通向中亞的交通樞紐。

拉合爾市區樹木蒼鬱，繁花似錦，蝶舞蜂飛，絢麗如畫。作為歷史名城，城內宮殿、寺院以及哥特、維多利亞式建築眾多。拉合爾古堡和沙利瑪爾花園被譽為巴基斯坦歷史上沙·賈汗皇帝時期蒙兀兒王朝燦爛文明的傑出代表，1981 年被聯合國教科文組織列入世界文化與遺產保護名錄。

拉合爾是一座擁有 2000 年歷史的古老城市。始建於西元 1 世紀末至 2 世紀初。據印度教傳說，拉合爾城最先由羅摩的兒子羅赫或拉瓦 (Lawa) 建立，此後將該城稱為羅哈瓦爾 (Lohawar)。中國高僧玄奘曾於西元 630 年來此訪問。玄奘在其著作中詳細介紹了他在這座城市訪問時的見聞，成為歷史上有關這座城市的最早記載。1152–1186 年，為伽色尼王朝都城。1525–1707 年近 200 年時間裡，拉合爾成為蒙兀兒帝國的都城。拉合爾堪稱是蒙兀兒強盛國力的完美體現。17 世紀時，拉合爾城市空前發展，至今還保留有大量蒙兀兒時代建築和伊斯蘭文化藝術。建於 1617 年的王公城堡、1634 年建成的全國最大的巴德沙希清真寺等古建築至今仍屹立於城中，成為拉合爾城的象徵。建於 1637 年的沙利瑪爾花園位於城東 8 公里，建於 1628 年的沙達拉陵園位於城西北 3 公里。這些都成為今天巴基斯坦著名的旅遊勝地。拉合爾中央博物館是巴基斯坦最古老的博物館。它初建於 1864 年，館內藏有許多藝術織品。有著名的雕塑「禁食佛像」、8–19 世紀的伊斯蘭藝術珍品。此外，旁遮普大學、工程學院、水稻研究所等幾十所高等院校和研究所都坐落在這裡。因此，拉合爾又被稱為「巴基斯坦的靈魂」。

拉合爾作為一座古老的歷史名城，擁有豐富多彩的文物古蹟。位於城區東北部的拉合爾古堡和沙利瑪爾花園，是由一座宮殿城堡和大理石清真寺以及佔地 20 公頃的精美花園組成。是巴基斯坦最著名的古蹟，1981 年，聯合國教科文組織將拉合爾古堡和沙利瑪爾花園作為文化遺產，列入《世界遺產名錄》。拉合爾古堡建於 11 世紀的迦茲納維

王朝時期，到 17 世紀的蒙兀兒王朝時期，又進行了大規模擴建。早期建築的特點是紅砂岩的運用，而後期建築被號稱南亞第一建築師的沙・賈汗皇帝用大理石取代了紅砂岩，並為建築加上了繁縟的裝飾。雄偉的宮殿有高大的城門和厚實的城牆護衛，古老的清真寺四壁裝飾著用彩色大理石鑲嵌的阿拉伯和波斯圖案，形成一組完美的建築群，是巴基斯坦唯一一座完整地反映迦茲納維王朝到蒙兀兒王朝期間建築史的建築物。

城堡呈長方形，東西長 450 公尺，南北寬 350 公尺，四周有厚厚的城牆，城牆用燒製的小塊磚砌成，上建有碉堡和射擊孔。古堡內有 21 座建築物，其中鏡宮是保存較為完好的一座宏偉壯麗的著名建築，它是蒙兀兒王朝時王后的居住地。它由迎賓廳、會議廳、娛樂宮、夜宵室、寢室、人工湖、噴水池、歌池、象房等組合成一體。鏡宮裝飾極為華麗，可稱得上是當時的登峰造極之作。碩大的拱形屋頂上鑲滿了寶石和玻璃珠子，白天的陽光、夜晚的燭光照射到屋頂，反射出五彩繽紛的光芒，奇妙無比，宛若神話世界。城堡內有舉世少有的畫廊。畫廊的石柱上是用千萬顆絢麗的彩石鑲嵌成的圖畫，圖畫中的人物既有皇宮貴族，也有普通百姓。題材主要是表現歌舞、狩獵、鬥駱駝、打馬球等宮廷娛樂生活內容，各種形象無不刻畫得唯妙唯肖，呼之欲出，場面生動、人物逼真、技藝精湛，表現了巴基斯坦古代高超的藝術水平。

沙利瑪爾花園修築在 3 個帶有階梯的平臺上。沙利瑪爾花園意為「歡樂宮」，建於 1642 年，是蒙兀兒王朝的御花園，堪稱蒙兀兒強盛國力的完美體現。花園佔地 20 公頃，四周有高牆環繞，園內有高低錯落的三個平臺，頂層

圖 9：拉合爾古堡的圍牆

平臺比中層平臺高 4.58 公尺，中層平臺比低層平臺高 1.5 公尺，平臺間用階梯相連，每層平臺都有一個大的水池和縱橫交錯的水渠。水從附近的拉迦普爾河引來，水池內裝有各式噴泉共 400 多個，中層平臺還有一個大瀑布。此外，每層都有一些用大理石和紅砂岩修築的亭臺和避暑住所等。人們將大自然中不同風貌的植物移植園內，在頂層只種花卉和灌木，其餘兩層則有各種名貴樹木和果樹。對自然界不同風格景觀的巧妙彙集，形成了建築典雅、環境迷人的王室娛樂場所和行宮御園，整個花園華麗典雅，林蔭曲徑通幽，瀑布噴泉交錯，湖區波光粼粼，綠草紅花遍佈，景色美麗動人。尤其是園內湖泊分三級依次下降，站在高處俯瞰，似江河傾瀉；站在低處仰望，湖面金光點點，充滿神奇色彩。沙利瑪爾花園是世上罕見的伊斯蘭庭園之一，也可能是世界上最罕見的花園之一，堪稱蒙兀兒王國國力強盛的完美體現。

此外，拉合爾還有著名的巴德夏希清真寺 (Badshashi Mosque)。巴德夏希清真寺又稱皇家清真寺，是巴基斯坦最大的清真寺，同瑰麗的拉合爾古堡隔街相望。它是西元 1673–1674 年，在奧朗則布王的兄弟菲達・汗・科卡監督下建成。寺院高大的圍牆由紅砂岩砌成。登上 22 級臺階，進入院內，為一 160 平方公尺見方的大廣場，場內可容納 10 萬人同時祈禱。廣場正中央是一塊用大理石砌成的 16 平方公尺見方的水池，供穆斯林禮拜前齋戒沐浴之用。廣場西側是整個清真寺的主體建築。禮拜堂的牆、柱全部用雕有各種花紋圖案的大理石砌成，建築宏偉。堂頂上，三只巨大的銀球在陽光的照射下，光芒四射。這與圍牆四周四座高達 43 公尺的宣禮塔渾然一體，為清真寺增添了肅穆的宗教氣氛。禮拜堂內的圓頂上，鐫刻著各種美麗的花紋和塗上了金粉的《可蘭經》經文，光彩奪目。牆上的瓷嵌飾帶，間以塗上金粉的《可蘭經》經文突現了濃厚的波斯和蒙兀兒風格。周圍的壁龕結構，別具匠心。正中一排排整齊的方磚，上面鋪有用石線隔開的地毯，供穆斯林祈禱之用。寺內還珍藏著用了 10 年時間以金銀絲線繡成的 30 卷阿拉伯文《可蘭經》，蝌蚪似的經文繡在天藍色的錦緞上，繡工極為精湛，

圖 10：拉合爾的大清真寺　此清真寺是在十七世　圖 11：禁食佛像
紀的蒙兀兒君主奧朗則布時所建造的。

堪稱罕見的藝術珍品。再攀登 207 級臺階，可達宣禮塔之頂。在頂上，
拉合爾市景和郊區的風光一覽無遺。

拉合爾博物館 (Lahore Museum) 是巴基斯坦全國最大、收藏最豐富的博物館，位於拉合爾市內旁遮普大學對面。1887 年，為紀念維多利亞女王登基 50 週年，從托靈頓市場遷移至此。館內有 17 個美術、繪畫和珍寶館，收藏了從史前石器時代到莫恩喬達羅和犍陀羅時期的出土文物。有精美的袖珍畫、各個歷史時期的鑄幣、印度教、耆那教和佛教的珍貴文物。其中有 4000 年前的陶製牛車、千尊佛像、最早的《可蘭經》、蒙兀兒皇帝用過的地毯，還有象徵著中巴古代交往、用整個象牙雕成的千佛像和刻有漢字的瓷瓶以及其他石雕、佛像等。

博物館內有犍陀羅時期一尊苦行僧雕像，苦行僧坐在雕有僧人禮佛圖案的石座上。僧人盤膝合十，閉目入定，額頭上條條筋絡和胸脯上根根肋骨歷歷浮現。該塑像造型準確、形象生動，堪稱傑作，其藝術和歷史價值均極為珍貴。博物館大門外，馬路的中心島上，存放著一尊被稱為「獅吼」的青銅古炮。炮身上刻有「誰佔有此地，誰就佔有旁遮普」的字樣，還有歷代佔有者的姓名。1818 年錫克王朝統治者

蘭吉特·辛格曾在木爾坦使用這尊大炮進行戰鬥。

拉合爾城區分為古城區和新城區。古城周圍原來有 9 公尺多高的城牆和護城河，現在只保留了城北的一部分，其他部分都已闢為花園。在古城區有各種各樣的商店，裡面的商品琳瑯滿目，特別值得一提的是那兒的銅製工藝品。這些工藝品大都是手工製造，工藝雖說不上很好，但很有特色。在拉合爾，最主要的集市是阿娜卡麗（Anarkali，意為石榴花）集市，據傳說，它是根據一個在宮廷中跳舞的女孩命名的。這個女孩深愛著國王的兒子，為了懲罰她的非分之想，阿克巴 (Akbar) 國王命人將其活埋在一堵牆下，後來牆根下長出一棵石榴樹並且開了花。這裡演變為集市後，人們由此而將其命名為石榴花集市。阿娜卡麗集市與眾不同，每一條小路和通道上都是琳瑯滿目的商品，特別是一些傳統的手工藝品，如皮革製品、刺繡物品、玻璃手鐲、金銀首飾珠寶等。另外，你要在這裡買任何東西，都是可以討價還價的。

走在拉合爾的街上，隨處可見沿街叫賣的小販。有賣吃的，都是各式各樣的清真食品；有賣日用品的，大部分都是中國製造的，這都是來往於中國和巴基斯坦之間的商販的功勞。還有四處叫賣的花童，他們看上去很可愛，手上拿著一些玫瑰花，見到路人就上前兜售，尤其是見到外國人時。中國人在他們眼裡都是 richman（富人），他們自然也就少不了圍著中國人兜售他們的鮮花。不過，只要你走進路邊的商店，他們就不會再跟來。此外，也有一些以乞討為生的人，他會冷不防的在後面拍你一下，讓你以為是碰到熟人了。只見他一隻手指著嘴，另一隻手就伸到你面前要錢。但更多的時候，當你走在路上時，不時會有人用不太流利的中國話和你打招呼，讓你感覺到這裡的人們對中國人民的友好。

要想真正瞭解巴基斯坦，就應到這座歷史名城來看一看。拉合爾在巴基斯坦歷史上具有重要意義。1849 年英國侵佔拉合爾，拉合爾人民不懈地反抗。1940 年 3 月在拉合爾召開了穆斯林聯盟第 27 次年會，通過了爭取民族獨立、建立新國家的〈拉合爾決議〉，為次大陸穆斯林

指明了明確的方向。正是在這座英雄的城市，巴基斯坦建國之父真納領導了著名的建國運動。偉大的詩人和哲學家伊克巴爾也是在這裡提出了建立獨立的穆斯林國家的思想。拉合爾的另一名勝古蹟阿爾賈‧德夫師尊神殿 (Shrine of Guru Arjan Dev)，它是巴基斯坦錫克王朝統治者瑪哈拉賈‧蘭吉特‧辛格為紀念錫克教第五代師尊阿爾賈‧德夫而修建的。神殿的圓形鎏金拱頂，拔地而起，光彩奪目。據傳，阿爾賈‧德夫師尊因編撰錫克教「聖典」而受到人們的推崇。後來，由於他同賈汗吉之子赫烏斯羅夫合謀造反而遭監禁。據他的信徒們說，為此，阿爾賈‧德夫師尊於 1606 年在拉維河上神秘地遁去。現在，許多束髮、手戴鐵鐲的錫克教徒和觀光者常常來此憑弔。

　　拉合爾市的另一重要古蹟是蘭吉特‧辛格墓 (Smadh of Maharaja Ranjit Singh)。蘭吉特‧辛格墓是錫克王朝統治者瑪哈拉賈‧蘭吉特‧辛格的陵墓。它位於拉合爾古堡對面，建於西元 1848 年，由蘭吉特‧辛格之子卡拉克‧辛格修建。這座磚石結構的陵墓，集蒙兀兒和印度傳統建築風格精華於一體，氣勢雄偉。四方形的陵墓主體，高聳著圓形的巨大拱頂。墓室內有精美的壁畫。穹頂上，呈蓮花狀的大理石墓穴內安放著瑪哈拉賈的骨灰盒、四位皇后和七個女奴的骨灰甕盆置於其旁。相傳，蘭吉特‧辛格雖目不識丁，卻聰慧過人。他一生戰績卓著。1840 年，其子卡拉克‧辛格繼位。後來，卡拉克‧辛格之子納尼哈‧辛格覬覦其父的王位，用藥毒死其父親。然而，就在同一天，納尼哈‧辛格也被砸死在一座突然坍塌的拱門下面。他們父子的骨灰便也被安放在這座陵墓裡。這座陵墓只對錫克教的朝聖者和旅遊者開放。

　　而伊克巴爾陵墓 (Mausoleum of Allama Mohammed Iqbal) 是巴基斯坦思想家、哲學家和詩人阿拉瑪‧穆罕默德‧伊克巴爾（1873–1938 年）的陵墓，它建於 1951 年。陵墓位於拉合爾市巴德夏希清真寺的右前方。陵墓用紅色砂石砌成，呈四方形。其規模雖不很大，但莊嚴肅穆。四周花木扶疏，芳草如茵。墓內潔白的大理石墓碑上鐫刻著詩人的名字，墓碑下安放著詩人的骨灰，高懸在墓頂上的花枝形吊燈日夜

長明。伊克巴爾一生創作的詩歌是激勵巴基斯坦人民奮發前進的力量源泉，他的哲學思想對創建清真之國巴基斯坦產生了重要影響。每年11月9日他的誕辰之際，巴基斯坦人民紛紛來此舉行各種活動，紀念這位著名哲學家、詩人和爭取自由的戰士。

獨立紀念塔 (Mianr-e-Pakistan) 是巴基斯坦著名的紀念性建築。靠近拉合爾古城，聳立在伊克巴爾公園內。為紀念巴基斯坦國父真納在這裡召開群眾大會，宣讀建立巴基斯坦的〈拉合爾決議〉，1967 年修建了該紀念塔。塔身高 59 公尺，塔基為一巨大的五角星。據說這有其宗教含義。塔座為一朵白色向上的蓮花，意喻純潔、發展。塔座四周用英文和烏爾都文銘刻著當年真納講話的節錄和巴基斯坦各行省的有關記載。塔身外形是 9 根方形立柱圍成的一個方柱，上面鑲嵌著大理石。紀念塔內層是圓形的牆壁，設有 289 級的臺階和電梯。登上塔頂，鳥瞰拉合爾市區，整個城市一覽無遺。

2000 多年來，拉合爾是旁遮普省及附近地區的行政、商業和文化中心。1947 年巴基斯坦獨立後，隨著現代工業發展和印巴分治後大量印度穆斯林的移入，城市進一步擴展。拉合爾工商業發達，其從業人數佔全市職工總數 55%，工廠數佔全國總數的 18%，主要工業部門有紡織、農副產品加工、化工、農業機械和全國著名的馬加爾普爾機車車輛製造廠。醫療器械、製革、絲綢、刺繡、陶瓷、地毯等手工業也佔有一定地位。拉合爾也是巴基斯坦的交通樞紐，有鐵路、公路和航空線通連全國主要城市。西北通拉瓦爾品第、白沙瓦，西南通木爾坦、萊亞普爾，東南可達印度首都新德里。

拉合爾也是巴基斯坦重要的教育文化中心。在拉合爾有旁遮普大學、拉合爾大學以及眾多的學院，全市有 400 餘所小學。城市內有許多圖書館、博物館、劇院、俱樂部及其他文化團體。以英語和烏爾都語出版的報紙雜誌發行全國。市內有兩家電臺和電視臺。拉合爾老城緊鄰拉維河，原來高大的石砌城垣，現已闢為環形幹道和公園。城內街道狹窄，建築擁擠。城南阿納爾卡利林蔭道區為 19 世紀末 20 世紀

初建成的高級住宅區，具英國建築風格；規劃有序，道路井然，現為
行政、文化、商業區，有政府機構、旁遮普大學和各種商業設施。城
東是鐵路樞紐、新建工業區、工人住宅區和兵營。

2. 拉瓦爾品第

拉瓦爾品第 (Rawalpindi)，是巴基斯坦北部城市。位於波特瓦爾高
原上，西南距巴基斯坦首都伊斯蘭馬巴德 14 公里，背靠高山，面向平
原。海拔 530 公尺，面積 5237 平方公里，人口 100 多萬。城市建在古
代習演瑜伽的拉瓦爾部族村落的遺址上。拉瓦爾品第意為拉瓦人的村
莊。先後為巴蒂部落和加吉普爾的首府。14 世紀毀於蒙古人入侵，後
經加哈爾首領詹達·汗重建，始稱今名。1765 年為錫克人米爾卡·辛
格佔領，許多傑盧姆、沙赫布爾地區的居民遷居至此。1849 年為英國
侵佔，1867 年設市，為英屬印度西北部最大的軍事基地，建有要塞、
兵工廠、機場和巨大兵營。巴基斯坦獨立後，1959–1967 年曾為臨時
首都，市政建設和工商業發展迅速。萊赫納拉河縱貫市區，將舊城與
東岸的工業區、新興商業區及巨大的機場和兵營隔開。城市向北沿穆
里公路擴展並建有衛星鎮。北部工業區主要工業有紡織、煉油、機械
（機車製造、兵工）、鑄造、水泥、食品、製藥、製鞋等。家庭手工業
發達，以編織地毯、製革為主。附近有農牧產品集散地，每年 4 月舉
行馬市。北部為交通樞紐，8 條公路彙集點，有鐵路、公路、航空通
向白沙瓦、科哈特、拉合爾、喀拉蚩、伊斯蘭馬巴德等，機場為國際
航空港。

拉瓦爾品第是巴基斯坦北部最大的城市，也是工商業中心。拉瓦
爾品第自古以來就是戰略要地。1867 年，拉瓦爾品第成為英屬印度西
北部最大的軍事基地。現為巴基斯坦陸軍總部所在地。在城西北 30 公
里處的瓦赫村還有全國最大的兵工廠。現在每年 3 月 23 日國慶日時，
都在市區跑馬場舉行規模盛大的閱兵式和遊行。工業主要有機車製造、
煉油、紡織、食品、皮革等。在城市的西郊還有 1971 年中國援建的塔
克西拉重型聯合企業。拉瓦爾品第為巴基斯坦北部交通樞紐，是通往

克什米爾道路的起點。鐵路和公路向西北經白沙瓦可到阿富汗首都喀布爾，向東南經拉合爾直抵印度首都新德里。拉瓦爾品第機場為國際航空港。

拉瓦爾品第市內街道繁華、多現代化建築。城內有真納大學分校、旁遮普大學的六所學院、綜合技術學校、警察訓練學校、軍事學院、全巴藝術研究中心和阿尤布國家公園、利亞卡特花園等。拉瓦爾品第與東北 14 公里處新建的伊斯蘭馬巴德連成一體，構成伊斯蘭馬巴德－拉瓦爾品第大城市區。拉瓦爾品第所在的素安河流域，是巴基斯坦古代文化的搖籃，這裡曾發現過若干萬年前人類使用過的工具，考古學家稱它為素安河文化。著名的佛教聖地塔克西拉，位於拉瓦爾品第西郊。那裡的廟宇、佛塔等佛門古蹟至今保存完好，其藝術風格別具一格。西元 7 世紀時，中國玄奘曾到過此地。玄奘住過的古堡已成為遊客觀賞的勝地。

塔克西拉考古遺址 (Archaeological Site of Taxila) 位於拉瓦爾品第西北 35 公里處，是南亞次大陸西北部著名的古代城市遺址。1980 年作為文化遺產列入《世界遺產名錄》。塔克西拉是印度次大陸最早有人居住的地區之一，地處連接中亞和西亞的通商道路「絲綢之路」上，其歷史可上溯到史前時期。自西元前 10 世紀中葉起，塔克西拉即為犍陀羅地區的重鎮。西元前 6 世紀時為十六列國之一犍陀羅國的都城，西元前 4 世紀末已成為南亞次大陸西北地區最大的城市。孔雀王朝時期接受佛教，並定佛教為國教，塔克西拉因而成為信徒雲集、香火鼎盛的佛教聖地，進而發展成為宗教、哲學、藝術的研究和傳播中心。之後，塔克西拉歷經大夏、塞人和安息人的統治，至西元 1 世紀 –2 世紀的貴霜帝國時期，塔克西拉達到極盛，3 世紀後逐漸衰落，8 世紀後荒廢。法顯在其《佛國記》中提到有關塔克西拉地名來源的傳說：「竺剎羅，漢言戴頭也，佛為菩薩時於此處以頭施人，故以為名。」玄奘到塔克西拉時，城市已經荒涼。

塔克西拉遺址發現於 19 世紀。1912–1934 年和 1944–1945 年，英

國考古學家 J. H. 馬歇爾和 M. 惠勒先後對塔克西拉遺址進行了大規模的發掘。巴基斯坦獨立後，本國的考古工作者繼續進行發掘工作。塔克西拉的史前遺址有兩處：中石器時代的坎波爾石窟，深 3 公尺，寬 7.6 公尺，高 3.65 公尺，出土了大量器皿；薩拉卡拉的史前時期古墓，為新石器時代遺址，共 4 層，總高度達 5.5 公尺，墓地內有大量石板封頂的墓穴。

遺址按時代先後可分為三個部分：比爾丘、錫爾開普和錫爾蘇克。比爾丘屬西元前 6 世紀至西元前 2 世紀的孔雀王朝時期，遺跡保存甚少。位於比爾丘西北的錫爾開普在大夏、塞人和安息人統治時期（西元前 2 世紀 – 西元 1 世紀）是一座軍事要塞，四周環繞著長度為 5.5 公里、厚度為 4.5–6.58 公尺不等的白石牆。城內街道和街區等有古希臘的特色，遺址中發現許多希臘式及仿希臘式的遺物。位於錫爾開普西北的錫爾蘇克，是貴霜帝國統治時期建造的都城。城址呈不規則的長方形，長約 1400 公尺，寬約 1100 公尺，有城牆環繞，其方形街區的佈置近似於錫爾開普。在以上三個城市遺址內及其四郊，人們發現了各類宗教遺址，而其中以佛教的最多。重要的佛教遺址有達摩拉吉卡和莫赫莫拉都。前者兼有佛塔和佛院，後者則以僧院為主。塔克西拉的佛塔塔身高聳、層級甚多，與一般的悉堵波式圓塚不同，獨具特色。

塔克西拉城遺址出土了大量遺物，現保存在當地的考古博物館中。其中以反映希臘風格和佛教藝術的遺物為最多。錫爾開普城市遺址曾出土了 33 件石刻梳妝盤，盤內浮雕出男女嬉戲、酒宴、希臘諸神以及海馬、葡萄藤等圖案，具有濃厚的希臘風格。這兒還出土有希臘神像的浮雕、陶塑及愛奧尼亞式、科林斯式柱頭等。從佛教的遺物中也可以發現印度和希臘風格的融合。例如，達摩拉吉卡佛塔的石刻溝上刻有印度仙女的形象，但卻以希臘渦捲花草紋為裝飾。屬貴霜時期的錫爾蘇克遺址出土了融合印度和希臘風格的雕像、菩薩像以及佛傳浮雕作品，極具典型性。塔克西拉遺址是佛教和犍陀羅藝術的主要中心，它融合了本地及外來文化的藝術風格，在南亞、中亞文化史上佔據著

重要的地位。

3.木爾坦

木爾坦 (Multan)，巴基斯坦工商業城市，交通樞紐。木爾坦以前稱卡什特普爾、漢斯普爾、巴格普爾、沙納布普爾等。位於旁遮普平原西南，傑納布河下游東岸 6 公里，面積 23 平方公里，因地處信德薩格爾河間區沙漠南緣，氣候炎熱乾旱，夏季氣溫高達 39°C，年降雨日平均僅有 12.5 天，日照充足，市名即有「太陽城」之意。

木爾坦城的歷史距今已有 2500 年，建城歷史相當悠久，中古時期為印度南部通向中亞的貿易要站和軍事重鎮，城市幾經易手、多次重建。西元前 326 年亞歷山大大帝征服該地區，712 年穆斯林佔領後，統治時間達 3 個世紀。以後又被德里蘇丹國和蒙兀兒帝國所統治，1779 年阿富汗人、1818 年錫克人、1849 年英國人先後佔領該城。1867 年正式設市。1950 年代以後，城市發展較快，市區越出老城向四周發展，並新建 2 個衛星鎮。附近為農牧產品集散地。工業以農產品加工為主，有棉織、毛織、絲織、製糖、榨油、食品等，其中科羅尼紡織廠為全國第二大棉紡織廠。玻璃、鑄造業也有一定地位。1960 年代，自蘇伊至木爾坦天然氣管道鋪設後，動力和石油化工得到發展，建有全國最大的天然氣發電廠（26.5 萬千瓦）和阿拉伯氮肥廠。該市為南北交通咽喉，有鐵路、公路通全國主要城鎮。老城內多中世紀古蹟，以沙伊赫‧優素福‧戈爾代茲神廟、沙河、魯坎、伊‧阿拉姆神廟、沙姆斯‧伊‧大不里士神廟和瓦利‧穆罕默德清真寺等最著名。原城堡舊址已闢為公園、體育場、游泳池和博物館。現代建築有市政廳、尼什塔爾醫學院、旁遮普大學分院等。

4.錫亞爾科特

錫亞爾科特 (Sialkot)，巴基斯坦東北部城市，位於艾克納拉河之北，古吉納瓦拉的東北部。城內有棉紡、醫療器械、體育器材、食品加工等工廠，商業繁榮，是附近農村和城鎮的商品集散地。有鐵路、公路通拉合爾、拉瓦爾品第、萊亞普爾等。相傳里沙洛王公在這一地

區建立統治權，其子沙爾巴洪在此建城，並修築了城牆，取名為沙爾巴洪科特，意為沙爾巴洪城堡。Kot 在印地語中意為城堡、要塞或城牆，後演變為 Siakat。中國《西域記》中將該城稱為奢羯羅。

第二節　信德省

一、自然與人口

信德省總面積為 14.09 萬平方公里，佔巴基斯坦總面積的 17.7%。信德省北與旁遮普相連，東與印度相接，南部是阿拉伯海，西是俾路支省。信德省位於印度河下游，降雨量稀少，年平均降雨量僅 211.7 公釐。信德省溫差較大，夏季最高氣溫達 49°C，冬季氣溫在 5°C 至 27°C 間。

信德省有許多野生動物棲息地，如：基爾塔爾國家公園、哈累季湖、迪里格湖、金賈爾湖等。印度河三角洲被公認為亞歐大陸最重要的候鳥越冬棲息地。每年有成千上萬的野鴨、白骨頂等候鳥來這些湖泊過冬。印度河及其支流是世界 7 條候鳥飛行路線的第四號飛行線。在蘇庫爾至古杜大壩間是海豚科動物保護區。基爾塔爾山脈生活著許多野生動物，如巨角塔爾羊、東方盤羊以及大量豚鹿、鱷魚、海龜等。

據 1981 年人口統計表明，信德省有 1900 萬人，佔巴基斯坦總人口的 22.9%。另據 1998 年人口統計，信德省人口達 3044 萬，佔巴基斯坦總人口的 23%。17 年內，人口增長了 60%，巴基斯坦的人口形勢由此可見一斑。

二、經濟與社會

信德省有四個行政區：喀拉蚩、海德拉巴、拉卡納和蘇庫爾，共 17 個分區，65 個小區，79 個小稅區。每個大的行政區有一名行政長官，每一分區有一名行政副長官。他們負責日常管理事務、法律和秩

序、內部安全以及稅收；大區行政長官配有 6 名助手。

信德省可以分為三個經濟區：印度河盆地灌溉農業區，佔全省面積的 27%；乾旱貧瘠區，佔全省面積的 48%；城市和工業區，主要集中在喀拉蚩、海德拉巴和蘇庫爾等城市。灌溉農業區面積 5051 萬公頃，是信德省的主要農業區，這兒的降雨量少且沒有規律。農業區人口分佈在 6.6 萬個村莊，其中 57 個村人口不滿 100 人。信德省有 6.8 萬平方公里的乾旱貧瘠土地，約 95% 的人口處於貧困的境界。只有 5% 的人口有衛生的飲用水。所有這些因素阻礙了該地區發展和經濟增長。要使該地區發展，國家需投入大量資金進行基本建設。

信德省經濟的一個重要特徵是，部分地區高度城市化和高度工業化。喀拉蚩等城市人口增長的重要原因是農村人口和來自孟加拉、緬甸、斯里蘭卡、尼泊爾的移民和勞工大量湧入。喀拉蚩人口中的 37% 居住在貧民窟。

1990–1991 年信德省用於發展的資金為 37.12 億盧比，特別發展金約為 16 億盧比。這些資金主要用於城市交通、衛生、教育、水源供應等基礎設施的建設。信德乾旱貧瘠區發展局負責這些地區的資源開發利用，發展經濟，改變居民傳統生活方式等事務。發展局已進行了深入研究，制定了該地區發展策略，以吸引外資。最後，信德省主要農作物是小麥、稻穀、甘蔗、棉花、高粱、珍珠粟以及各種水果。

三、主要城市

信德省有巴基斯坦最大的城市喀拉蚩，此外還有海德拉巴、蘇庫爾、納瓦布沙、拉卡納等重要城市。

1. 喀拉蚩

喀拉蚩，是巴基斯坦最大的城市和港口，信德省的首府。該市位於印度河三角洲西北部，距河口約 90 公里，南瀕阿拉伯海。面積 1448 平方公里，市區 591 平方公里。19 世紀中葉，人口僅 1.4 萬，1941 年增至 44 萬。到 1998 年，人口統計表明，喀拉蚩人口已達 757.8 萬，

是世界超大城市之一。喀拉蚩城處於科希斯坦高原南麓至沿海平原地
帶，地勢自東北向西南傾斜，一般海拔 1.5–40 公尺。沿海多沼澤，市
區東部和北部有低山和孤丘，其中門戈皮爾山為城市最高點，海拔 195
公尺。自高原南流的默利爾河和勒亞里河分別流經市區東部和西部，
為季節性河流，河床寬廣，平時呈沙灘狀。喀拉蚩港位於市區西南，
港區外橫亙著馬納拉地峽和奧伊斯特岩島，是阻擋海流泥沙回淤和防
避風浪襲擊的良好屏障。

　　喀拉蚩最涼的 1、2 月平均最低氣溫 13°C，最熱的 5、6 月平均最
高氣溫 34°C。雨量稀少，年降水量僅 200 公釐，且絕大部分降雨是在
夏季的 9–10 天內。以原聯邦首都區構成的大喀拉蚩，除市區和近郊
外，目前多數仍是農田和荒地。喀拉蚩原為漁村，名迪布羅。18 世紀
初，一群商人從附近的卡拉克·班達爾港遷居到這裡。1839 年被英國
人佔領後，成為英軍駐防地。1842 年，喀拉蚩成為信德省的首府。從
此，喀拉蚩從一個漁村迅速發展成為一個港口。1843 年開通了從喀拉
蚩到木爾坦長達 900 公里的河運業務；1854 年後，港口建設迅速發展。
1861 年，從喀拉蚩到科特里的鐵路通車，全長 150 公里。1864 年，開
設從喀拉蚩到倫敦和印度等地的電報業務。1869 年蘇伊士運河開通
後，喀拉蚩港口地位更顯重要。到 1870 年代，喀拉蚩成為德里一旁遮
普鐵路系統的終端，和該地區最重要的城市和港口。至 1914 年，喀拉
蚩港已成為大不列顛帝國中最大的小麥和棉花輸出港。1924 年興建機
場後又成為次大陸通歐洲的主要國際航空樞紐。1936 年成為信德省的
行政中心，製造業和服務業隨之發展。1947–1959 年曾成為巴基斯坦
首都。

　　由於印、巴分治，有大約 60 萬印度穆斯林移入，城市急劇擴展，
工商業空前繁榮，1951 年人口已達 100.5 萬，超過拉合爾，成為全國
最大的城市。1998 年時，人口數為 757.8 萬，不到 50 年的時間，人口
成長了將近 8 倍。巴基斯坦宣佈獨立後，1947–1959 年，喀拉蚩曾為
巴基斯坦首都，現為信德省省府。它是巴基斯坦第一大城，全國最大

的經濟中心、最大的海港和人口最多的城市。它位於巴基斯坦南部、印度河三角洲的西面，瀕臨阿拉伯海，是巴基斯坦的門戶，重要的國際交通樞紐。18世紀初期，喀拉蚩還是一個小漁村。由於印度商人的貿易和通商而得以發展。英國佔領印度後，喀拉蚩成為信德政府所在地和軍事中心。

1925年，興建機場後，喀拉蚩又成為次大陸通往歐洲的主要國際航空樞紐。由於1947–1959年曾為巴基斯坦首都，喀拉蚩的工商業空前繁榮，成為全國最大的城市。喀拉蚩還是巴基斯坦重要的文化中心。有喀拉蚩文學、工程技術學院、航空工程學院、海軍學院、海軍軍官學校。這兒還有巴基斯坦國家博物館，館內陳列有印度河下游許多珍貴古代文物。有些是西元前2500至西元前1500年的出土文物。這裡還有根希安藝術中心和甘地花園。

喀拉蚩市區由新城和舊城組成。市區沿道路向市郊呈線形放射，使這座城市的形態很像一隻大蜘蛛。城市建築物差異鮮明：高貴豪華的洲際飯店與藤葉小棚相對；徹夜通明的洋行與土坏矮屋為鄰；金碧輝煌的清真寺與棕棚茅舍高低俯仰。老城位於港區附近，為港區庫場和批發商業中心，其最大的特徵就是無規劃。這裡的街道狹窄、建築密集，具有近東和中世紀歐洲的風貌，但這裡有更多的民族特色和人情味。市中心位於老城以東，是金融機構和省市政府機關所在地。本德爾路自老城至東北部橫貫市區，為全市主幹道，沿街商店、旅館、電影院鱗次櫛比，並有廣播電臺、電視臺、博物館、圖書館和清真寺等。市中心住宅區多呈矩形，除沿街有多層現代化建築外，都是帶有涼臺的平房和一、二層樓的花園式邸宅。郊區是以棚戶和公寓式平房為主的工人住宅區。傳統工業主要集中在東北郊，有紡織、菸草、榨油、木材加工等企業。南郊為新興的重工業區，有煉油、冶金等企業。在西郊又開闢了新工業區，並為吸引外資，引進技術，創造就業機會和促進出口，建立加工出口區。

新城區位於老城以東，呈棋盤狀，頗具歐洲城市風貌，是金融機

構和省、市政府機關所在地。傳統工業則集中在東北郊。圖書館和清真寺等位於市中心高地上。著名的喀拉蚩國家博物館即坐落於此，館內收藏著許多珍貴的、古老的和現代的美術工藝品。喀拉蚩瀕臨著美麗的阿拉伯海，風光綺麗。桑斯皮特、克利夫頓、霍克斯灣都是海濱度假勝地。

喀拉蚩經濟中主要成分是工業和貿易，從業人員佔全市職工總數的 45.2%。全市工廠數和職工人數分別佔全國總數的 26% 和 22%，工業產值約佔全國 50%。主要工業部門有紡織、製鞋、糧食加工、木材加工、飲料、金屬製品、電氣製品、機械、化工、石油和造船等。其中煉油廠、鋼鐵廠和馬納拉地峽上的原子能發電站都是全國著名的大型企業。手工業和家庭手工業也佔一定比例，以生產花邊、地毯、黃銅製品、金銀首飾為主。喀拉蚩還是全國的金融和保險業中心。巴基斯坦國家銀行、巴基斯坦民族銀行、聯合銀行、巴基斯坦工業發展銀行、巴基斯坦農業發展銀行等大型銀行的總行設於此，有大約 24 家保險公司和證券公司，在巴基斯坦經濟中佔有重要地位。

喀拉蚩是全國鐵路和幹道公路的起點和終點，國際交通樞紐。從喀拉蚩到白沙瓦的公路使巴基斯坦內地有了出海口。從喀拉蚩到紮黑丹的公路使巴基斯坦與伊朗和其他中東國家相連。喀拉蚩市有 3200 多公里長的交通線。每天有數十班次鐵路始發或到站，東邊經海德拉巴有鐵路與印度相通。城東北 15 公里的喀拉蚩機場，為次大陸重要的國際航空港。喀拉蚩港位於勒亞里河口，分東、西兩碼頭區，計 22 個泊位和 1 座石油碼頭。水深達 10–20 公尺，能停泊 2–3 萬噸級巨輪。除經營全國海上對外貿易外，還轉運阿富汗一部分進出口貨物。蘇聯解體後，中亞獨立國家希望經過阿富汗、巴基斯坦出海，喀拉蚩成為中亞國家重要的出海口。港口常年吞吐量近 1000 萬噸。輸出稻米、羊毛、鉻鐵礦、皮革等；輸入以金屬、石油、機械、車輛和煤炭為主。為滿足喀拉蚩鋼鐵聯合企業對礦石的需要，已在比蒂小港灣興建新港。

喀拉蚩市還有許多的文化機構、娛樂設施和名勝古蹟。喀拉蚩大

學成立於 1951 年，有 22 個文理科系，1 個商業管理學院。另外還有商業和法律、醫學、工程學、教師師資培訓等學院。喀拉蚩還有巴基斯坦藝術委員會，組織藝術品展覽、演奏音樂、培訓藝術人才等。喀拉蚩博物館藏有早期印度河流域文化、犍陀羅藝術以及全國各地的文物。喀拉蚩大學博物館有該城最大的圖書館，另外還有 10 多座圖書館。喀拉蚩出版的報紙有英文的《黎明報》、《晨間新聞》，另外還有用烏爾都語、古吉拉特信德語出版的報刊。全城有 19 個公園，其中甘地公園、伯爾寧公園最為著名。其次還有 9 座游泳館，多處釣魚池。喀拉蚩動物園集中了各種動物、鳥類。

　　喀拉蚩市中心坐落著巴基斯坦國父穆罕默德・阿里・真納的陵墓 (Tomb of Jinnah)。陵墓建於 1970 年。陵墓四周是白色的圍牆，伊斯蘭風格方形白色大理石的陵墓主體巍然屹立於棕櫚樹叢和各色鮮花之中。大理石砌成的臺基呈四方形。陵墓頂部巨大的白色圓頂，高高聳立。墓地右側高大的椰子樹下是清澈照人的水道。陵墓的環境清新、幽靜，給人以莊嚴、聖潔之感。進入墓室中間，是兩層銀色欄杆圍繞的長方形白色大理石棺槨。棺槨上面鐫刻著英文和烏爾都文的墓誌銘以及精緻的花紋圖案，四名持槍士兵守護四周。墓室內天藍色的圓頂，如蒼穹籠罩；一盞周恩來總理生前贈送的巨大鎏金花枝形吊燈，從陵寢內的穹頂上高高地下垂，映得滿室生輝。入夜時，強烈聚光燈照射下的真納陵墓，宛如一座潔白無瑕的水晶宮。

　　位於喀拉蚩東北 322 公里、印度河以東 1.6 公里的摩亨佐達羅遺址 (Archaeological Ruins at Moenjo Daro) 是一座宏偉的印度城市。1980 年，作為文化遺產列入《世界遺產名錄》。印度河是人類古代文明的發祥地之一。大約在西元前 5000 年，印度河就開始孕育燦爛的印度河文明。在印度河兩岸星羅棋佈的古代印度河文明城市中，摩亨佐達羅是最為文明、最具有代表性的。1920 年代，英國考古學家 J. M. 馬歇爾開始對摩亨佐達羅城進行發掘，但迄今為止，對遺址的發掘工作只完成了約 1/3。

　　摩亨佐達羅在信德方言中意為「死人之城」。該城面積約為 8 平方公里，估計當年的城市人口約為 3–4 萬。城市佈局分為西面的衛城和東面的下城兩部分。衛城建在一座高 12 公尺的人造山岡上，是統治階層的住所。衛城呈長方形，四周有用於防禦的城牆和壕溝，城牆上建有若干個瞭望樓，城門在西南角。城內分佈著高塔、帶走廊的庭院、帶柱的大廳以及舉世聞名的摩亨佐達羅大浴池。大浴池在衛城北半部中央，面積為 1.2×7 公尺，池深約 2 公尺，整個大浴池用燒磚砌成，接縫極其精細、嚴密，人們認為這個浴池可能是某種宗教禮儀建築。下城分為三個部分：VS 區、HR 區、DK 區，分別為市民、手工業者和商人的住處。城內街道縱橫交錯，建築物坐落井然有序。住宅通常為平房建築，間或有兩層樓房。有些房屋很大，包括幾套院落；而有些則是簡陋的茅舍。這表明當時的社會分化已十分明顯。除住宅外，下城還有專門的工商業區，有店鋪和陶瓷製作、布匹浸染、珠寶、金屬和貝殼加工等作坊。

　　摩亨佐達羅的城市佈局整齊，街道呈東西、南北走向，而且具備現代城市設施，如完整的下水道系統和傾倒垃圾的甬道，連接到各家各戶，使用十分方便。這些發達的市政佈局和服務設施，表明摩亨佐達羅城是印度河文明成熟期最具代表性的城市。在摩亨佐達羅遺址的入口處，坐落著該遺址的博物館，館內陳列著大量印度河文明的出土文物，有印章、陶器、塑像、土偶、服飾、生產工具、生活用品等。這些文物向世人展現了印度河流域燦爛輝煌的古代文化。

　　距喀拉蚩東南 90 公里的印度河畔，坐落著巴基斯坦古城塔塔 (Historic Monuments of Thatta)。其古城遺址和墓地等歷史性建築是古代信德文明的見證。1981 年，聯合國教科文組織將塔塔城作為文化遺產，列入《世界遺產名錄》。1352–1731 年間，塔塔城成為信德省的中心，它曾連續作為三代王朝的首都，後被併入蒙兀兒帝國的版圖。1739 年，信德省的首府移至庫底拜德，此後，塔塔城逐漸衰落下去。在這四個世紀中，塔塔城是中亞主要的高等教育、貿易、藝術和手工業中

心，吸引著來自亞歐各國的商人、學者和旅行者，被公認為是印度次大陸最大的城市之一。如今，塔塔城往日的輝煌早已灰飛煙滅，依然保存完好的遺跡主要有沙迦汗清真寺和馬克利山上的瓦爾哈拉大墓地，被人們稱為「逝去的城市」。大墓地佔地 3.64 平方公里，建有 50 萬個墓穴，其中葬有歷代的帝王、王后、大臣、總督、將軍、學者、詩人以及平民，每座墳墓都豎有墓碑。墓地的歷史跨越了四個世紀（14 世紀中葉至 18 世紀中葉），歷經統治過信德的薩馬赫、阿爾貢、塔克汗和蒙兀兒四個王朝。它是亞洲最大的墓地，是塔塔城昔日繁榮的歷史見證。

　　塔塔的鼎盛時期是在西元 14 世紀至西元 18 世紀。在此期間，這裡成為中亞地區高等教育、貿易、藝術和手工業的中心。由於其獨特的地理環境，和各種不同文明因素的流入，塔塔城形成了極具地方特色又兼容並蓄的建築藝術風格。塔塔城的建築可分為兩類：磚結構建築和石結構建築。信德的磚結構建築源遠流長，可以上溯到史前的摩亨佐達羅城遺址。這些建築的基座均為石砌，以免受當地鹽鹼質土壤的侵蝕。建築用磚都用最好的陶土燒製而成，其做工十分精良，以致有人譽之為「敲擊時聲如金屬，破碎時如玻璃」。城內有些建築用表面雕刻有精細窗花邊的石料砌成；也有些建築物除基座外，全部採用磚結構，外部用釉瓷磚裝飾，這是塔塔城磚結構建築最引人注目之處。釉面瓷磚被廣泛地使用在建築物內外的牆壁、天頂、立柱上面。這樣做，一方面可以為建築增輝，與周圍荒涼單調的自然景色形成鮮明的對比；另一方面也可以使建築免受來自阿拉伯海高鹽度海風的長年侵蝕。塔塔城的釉面瓷磚表面平整，大都為正方形和長方形，分藍白兩色。偶爾也用黃色，它們顯然受到波斯的影響，但又有自己的風格。

　　沙迦汗清真寺是塔塔城重要的磚結構建築，是蒙兀兒王朝第五代皇帝沙迦汗於 1647 年下令修建的。它坐落在一個巨大的院落之內，前面是幽雅美麗的花園，有甬道、噴泉、花壇、草坪、樹木；清真寺的後部是寺院，有構建精美的經房，還有一個寬闊壯麗的祈禱廣場。那

圖 12：塔塔的瓦爾哈拉大墓地

空曠的祈禱廣場使這裡顯得十分寧靜。寺院的中央是大廳，大廳東西各有一個禮拜堂，西南的略大。大廳南北的柱廊，透過環拱柱廊與院子相通。拱門上裝飾著幾何圖案、藤蔓花紋，圖案中還附有《可蘭經》經文。整個建築有 93 個圓頂，因此，在廳內產生了一種奇妙的音響效果，站在壁龕穹頂上輕聲呼喚，隔著巨大的祈禱廣場，在對面的壁龕穹頂下都能清晰地聽到。沙迦汗清真寺向人們展示了印度次大陸最複雜的釉面瓷磚裝飾，兩個禮拜堂完全由瓷磚覆蓋，天頂的瓷磚鑲嵌成為藍白相間的放射狀圖案，宛若星光閃爍的蒼穹。

　　被稱為「東方最大的墓地」的瓦爾哈拉大墓地，位於塔塔城附近的馬克利山上，這裡不僅安眠著王公大臣，還有學者、詩人和一般百姓。統治者們徵召本地和鄰近蘇丹國一流的工匠來為他們修建墓地，加工出佈滿精美雕刻的墓石，並建成點綴著複雜花紋的圍牆。其中，歷代總督的墓地最為宏偉豪華，其墓地四周有大理石雕刻的巨大柱子，圍牆上覆有石刻飛簷，正面是大理石拱門。墓地正中央是大理石寢殿，殿上建有 5 個輝煌高大的拱形琉璃瓦塔頂，金碧輝煌，非常氣派。寢

殿內的正中擺放著石棺，石棺和基座上飾滿了精美細緻的圖案，或平描，或雕鑿，凹凸有致，盡現王者之尊。帝萬・舍代汗墓是迄今保存最完好、色調最豐富的磚結構建築。它是一座巨大的正方形陵墓，圓頂有波斯風格，覆以藍白相間的瓷磚，墓牆用的是不發亮的紅磚，接縫處用的是藍色，產生了一種特別的色彩效果。

　　塔塔城的石結構建築以雕刻和裝飾圖案聞名，所有的石塊表面都刻有精緻的幾何狀窗花格圖案和交錯的阿拉伯銘文，人稱「石頭上的花邊藝術」。其中又分凹飾凸飾兩種，它們的組合產生了奇妙的光與影的效果。塔塔城最重要的磚結構建築是沙迦汗陵，它建於一個正方形的庭院中心，周圍是高高的石牆，牆面雕有連續的拱形門飾，其中之一是入口。整個陵寢用巨大的石塊砌成，有一個帶圓柱的大廳，環繞著雙層柱廊，陵寢內到處雕有各色鮮豔的花紋圖案。

　　今天，塔塔城的歷史建築向全世界展示著古代信德文明的獨特魅力，是巴基斯坦人民的驕傲。此外，喀拉蚩這個城市還有許多的景點。巴基斯坦國家博物館 (National Museum of Pakistan) 位於本恩茲公園 (Bruns Garden)，展出由各地搜集、挖掘出土的雕刻品、古錢幣、民族服飾等。其中最精華的部分是孟豐達 (Moenjodard) 出土的物品。另外，真納墓 (Quaide-Az-am's Mausoleum) 是巴基斯坦建國之父──真納的陵廟。圓形的屋頂全部由大理石建造。用中國水晶石製造的吊燈裝飾著靈廟。

　　由於喀拉蚩面臨阿拉伯海，故有幾處海灘，其中最熱鬧的就是克利夫頓海岸 (Clifton Beach)。除了季風期（5-8 月），遊客可以到此地享受海水浴，附近還有旅館。哈雷彎湖 (Haleji Lake) 位於喀拉蚩以東約 80 公里處，由塔塔街道往北 6 公里處，即是哈雷彎湖。該湖以水鳥的棲息地而聞名。到了冬天，這兒就有 70 種以上的水鳥群集於此，巴國政府將此地列為禁獵區。裘寬迪 (Chaukundi) 由喀拉蚩沿著塔塔街道往東走 27 公里，就是舉世無雙的墓石群區。在砂岩上有雕繪花、馬、劍和幾何形圖案，這些鮮明的雕刻墓石約有 3000 座，分散在沙漠四處。

在信德，類似這樣的「死城」約有 20 座以上。令人感到不解的是，墓石四周完全沒有城鎮或村落的遺跡，沒有留下人類活動的跡象，而僅有墓石群立，堪稱世界一大奇景。

班伯霍 (Banbhore) 位於喀拉蚩以東 64 公里處，最近才被發掘出來，據研究推定，該遺址為 6–7 世紀時繁盛一時的德巴爾 (Debal) 的廢墟。在一條據說是通到大海的水路上，留有石梯。據說，第一個征服印度以及亞洲大陸的穆斯林穆罕默德·本·卡西姆 (Mohammad Bin Qasim)，就是在此地跨出征服的第一步。

2. 海德拉巴

除喀拉蚩以外，信德省另一重要的城市是海德拉巴 (Hyderabad)。它位於巴基斯坦南部、印度河東岸、喀拉蚩東北部。1843 年前為信德省首府，建在甘喬塔卡爾山最北部的丘陵上。有普萊利運河通過市中心。工商業發達，有棉紡、水泥、玻璃、製糖、榨油等工廠。手工業以金銀飾品、編織和刺繡著名。交通發達，有鐵路、公路通喀拉蚩、蘇庫爾、米爾普爾哈斯等地。海德拉巴保存有 18–19 世紀的文物，最具特色的是塔普爾人的土築堡壘，有沙赫·阿卜杜勒·拉季夫·希塔的陵墓，以及信德省的工藝中心哈拉帕村。另有完善的古拉姆·穆罕默德灌溉系統。

3. 蘇庫爾

蘇庫爾 (Sukkur) 是巴基斯坦東南部較大的城市，位於印度河下游右岸。分新舊兩城，舊城有許多古代文化遺址，尤其是寺廟遺址，每年吸引了不少遊客。新城為工業區，有棉紡、絲織、水泥、造船、麵粉等工廠。1923 年建成的蘇庫爾水壩，是印度河上最大的水壩之一，是巴基斯坦最著名的灌溉系統中心，水渠總長 2.5 萬多公里，灌溉面積達 30 萬公頃，建有水電站。蘇庫爾名稱的來源有幾種說法：有人認為是由 Sukaar 一詞演化而來，意為「蔥翠和繁榮」，有人認為來源於 Sukh，意為「和平之地」，還有人認為是由 Suk 演變而來，意為「熱風吹的地方」。

第三節　西北邊境省

一、自然與人口

　　西北邊境省位於中亞、西亞通向南亞次大陸的交通要衝。其間有許多條通道，世界聞名的是開伯爾山口通道。西北邊境省北與中國相接，與中亞國家距離也很近，另與查謨、克什米爾相鄰；西與阿富汗的邊界線很長，從帕米爾延伸到科赫－伊－蘇萊曼山脈。西北邊境省的東南是旁遮普省，西南是俾路支省。

　　西北邊境省北部地區冬季寒冷並有積雪，夏季多雨，氣候宜人，唯一例外的是白沙瓦河谷地區。那兒夏季炎熱，冬季寒冷，雨量適中。北部山區極其寒冷，氣溫經常在 0°C 以下。南部地區乾旱荒涼，夏季炎熱，冬季較冷。南部是該省最熱的地區，夏季氣溫高達 48°C–50°C。降雨量 250 公釐。奇特拉爾地區降雨量為 150 公釐，降雨量最多的地區是北部的曼塞拉，年降雨量 1000 公釐。

　　全省分為聯邦管轄的部落區和「定居」區兩個大的行政區。部落區緊靠阿富汗，位於杜蘭線和「定居」區之間，面積 2.722 萬平方公里。在英國統治時，部落地區被當作緩衝地帶。巴基斯坦獨立後，部落區成為特別的司法管轄區，以保留原有的社會文化，維護伊斯蘭教的中心地位，改善和推進社會經濟的發展。該地區有特殊法律，西北邊境省省長作為巴基斯坦總統的代理人，直接管轄該地區。1998 年人口統計時，該地區共有 317.6 萬人，佔西北邊境省總人口的 2.4%，人口密度為每平方公里 117 人。西北邊境省的其他地區，即所謂定居區，與全國其他省一樣，執行中央統一的法律。這部分的面積為 7.4521 萬平方公里。根據 1998 年統計，除以上提及的部落區外，西北邊境省全省人口 1774 萬。其中男性 908.9 萬，女性為 865.5 萬。人口密度為每平方公里 238 人。

　　西北邊境省有斯瓦特、卡干和奇特拉爾河谷，以及白沙瓦、馬丹和科哈特盆地，這些河谷和盆地植被好，風景優美。在南部地區有一些荒蕪的山丘，加上班努、D·I·汗平原和聯邦直轄部落區，使西北邊境省地貌變化大，從而呈現出不同的地貌特點。在不毛的荒山中，礦藏豐富。全省面積大約 10.02 萬平方公里，其中聯邦直轄部落區 7.45 萬平方公里。從北向南綿延 650 公里，東西寬約 450 公里。

二、經濟與社會

　　西北邊境省經濟成分多樣，其中以農業為主。可耕地只佔全省總面積的 23%，另有 13% 的土地是冰川或不毛之地。農作物種植面積為 440 萬公頃，主要農作物有玉米、小麥、甘蔗、水稻、菸草、蔬菜、水果、豆類、高粱和珍珠粟。農業用水主要由人工水渠提供。著名的人工水系有喀布爾河水渠、斯瓦特河下游水渠、斯瓦特河上游水渠、華薩克·斯瓦特水渠、馬爾瓦特水渠、帕哈布爾水渠等。在白沙瓦、馬爾丹、班努、D·I·汗等地，修建了許多管井，提取大量地下水，以補河水之不足。總的看來，農業用水的 85% 來自河流，15% 來自地下水。西北邊境省耕地亦存在較嚴重的土壤鹽鹼化問題，政府正投入大量人力、物力解決這一問題。農業人口佔全省人口的 85%，為提高農民的生活水平，政府加大對農業的投資。

　　西北邊境省礦藏比較豐富，省政府重視開發礦產。1990–1991 年度，省政府撥出 4000 萬盧比，建設 17 個礦業發展項目。主要有奇特拉爾白鎢礦開發項目、科哈特瓷土礦、拉伽班磷礦項目和馬拉坎德鉻鐵礦以及聯合霞石長岩礦等項目。

　　西北邊境省有著得天獨厚的自然條件和人文景觀，所以旅遊業特別發達。尤其是在夏季，卡干河谷、斯瓦特和奇特拉爾等地，每年都會吸引大量旅遊者。在許多地方，還保留有佛教藝術遺址。離白沙瓦 80 公里的塔克特·伊·拜佛教寺院仍然佇立在 153 公尺高的山丘上。塔克特·伊·拜佛教遺址和薩爾·伊·巴赫洛古城遺址位於西北邊境

省的塔克特・伊・拜市以東。它們都建於西元 1 世紀，其中的佛教遺址至今完好無損。1980 年作為文化遺產列入《世界遺產名錄》。

巴赫洛古城是一個小城堡，其歷史可上溯到西元 1 世紀的庫昌時期。到 7 世紀初中國取經者玄奘生活的時代，該城猶在。而現在僅存一座 9 公尺高的長方形基地和一道菱形的護衛牆殘段，這種菱形設計是 2–3 世紀所特有的。遺址中還有一些雕刻，已移至博物館妥善保存。佛教遺址塔克特・伊・拜佛教寺院建於塔克特・伊・拜山上，地處古「絲綢之路」的交通要衝。這座小山拔地而起，三面懸崖壁立，只有北面坡度較緩，山頂有一眼山泉，此山即由此得名，因為塔克特・伊・拜意為「源泉寶座」。早在岡多弗納斯皇帝時代，山上即有佛寺建築，目前發現的 1 世紀初期銘文就是有關這位統治者的記載。後來，佛教僧侶佔領了這個地方，他們擴大了原有的建築，使之形成今天所見的規模。由於所處地勢較高，這些建築才免遭匈奴游牧部落的摧毀。直至西元 6–7 世紀，由於物質匱乏，僧侶們才遷徙他鄉。

佛教遺址從山的北坡一直修建到山頂，由四個部分組成：第一部分是悉堵波庭院（悉堵波即佛塔，流行於南亞和東南亞地區），中間為主體悉堵波，旁邊是一組較小的悉堵波，圍繞四周的是一排高大的佛龕；第二部分是庭院西側的古寺院群，包括會議廳、餐廳、居室、禪房圍成的開放式庭院及其他附屬建築；第三部分是庭院東側的廟宇，包括一座古塔及其周圍的佛龕，地勢較高；第四部分是修行室，由陰暗的禪房圍成一個露天庭院，所處地勢較低。此外，山頂上還分佈著一孤立的小廳堂。據考證，塔克特・伊・拜佛教遺址與印度的瑪拉圖是佛教藝術的發源地，對中國和印度的佛教藝術影響深遠。寺院中有祠堂 30 座，內存各式鍍金佛像和王者像，它們在古老的建築中閃爍著耀眼的金光。主塔院內有一座主佛塔，據說塔頂曾有許多精美的裝飾，但現只有基座尚存，那些精美的裝飾連同寺院裡的壁畫一起，已蕩然無存。在主塔院牆外，還發掘出無數佛像的巨足，以此推斷，佛像足有 3 公尺高。塔克特・伊・拜佛教遺址是印度次大陸北部留存至今最

早的佛教遺跡之一，是研究佛教發展史和當地歷史文化極好的歷史資料。

從白沙瓦出發向查薩達行駛 29 公里，還可見到著名的普什卡拉瓦蒂舊城。這裡曾是西元前 324 年亞歷山大佔領前犍陀羅國的首都。西元 7 世紀，中國著名的高僧玄奘曾來此地。同樣有名的是，舍坎·德利附近的一座希臘建築。離白沙瓦 93 公里，東距馬丹 13 公里處的沙巴茲·德利城，曾是古代佛教徒重要的居住地。考古學家曾在這裡發掘了許多佛教藝術瑰寶。斯瓦特曾是佛教烏德亞納國的土地，在這裡發掘出數千件佛教文物。這些文物反映了佛教發展的不同階段。現已建成的斯瓦特和查德拉博物館，成為旅遊觀光必去的地方，人們在這裡能欣賞到技藝精湛的佛教藝術珍品。白沙瓦博物館是佛教藝術的寶庫。

此外，旅遊者在白沙瓦還可看見古代穆斯林文化遺址，著名的馬哈巴特·汗清真寺和巴拉·赫薩城堡每年都吸引了大量旅遊者。另外，巴基斯坦空軍博物館、巴基斯坦森林博物館也吸引了大量觀眾。然而，最為著名的應是開伯爾山口，這條數英里長的歷史性通道，從查姆魯德城堡開始，將白沙瓦和喀布爾連接在一起。近年來，西北邊境省為吸引更多的旅遊者，增加旅遊收入，投入大量資金，改善交通通訊條件，加強基礎設施建設。

三、主要城市

西北邊境省的主要城市有白沙瓦、阿博塔巴德、曼塞拉和馬拉坎德等。但是，這些城市的規模、人口遠不及巴基斯坦南部和東部一些大城市。

白沙瓦

白沙瓦，巴基斯坦西北邊境城市，西北邊境省首府，白沙瓦專區、縣行政中心。位於喀布爾河支流巴拉河西岸，西距開伯爾山口 16 公里，海拔 340 公尺。由老城（12.5 平方公里）和兵營組成。據 1981 年人口

統計，有 165.2 萬人，其中城區 71.7 萬人。而 1998 年的人口統計表明，人口達 202.7 萬，每平方公里人口 1612 人。白沙瓦是座古老的城市，其最初的故事已無從可考了。這兒曾發生無數的戰事。從犍陀羅 (Gandhara) 王朝到亞歷山大大帝、從蒙兀兒王朝到抗英鬥爭，王朝的更迭與不同宗教文化的統治遺跡在開伯爾山口 (Khyber Pass) 的石刻上，隨時都能找到蹤跡。

白沙瓦曾為古代犍陀羅王國都城，犍陀羅文化發祥地。中國高僧法顯、宋雲和玄奘都曾遊歷至此。因扼開伯爾山口，一直為次大陸通中亞的陸上交通要衝、商隊貿易中心和兵家必爭之地。城市幾經興衰變遷。西元前 2 世紀曾為希臘和中亞的巴克特里亞（又稱大夏）人佔領。西元 1 世紀，古實帝國將首都設在這裡。西元 5 世紀時，佛教勢力大增。988 年，穆斯林佔領該城。16 世紀，阿富汗人侵入該城。1834 年錫克教徒又在該城建立統治權。從 1849 年至 1947 年近 100 年，白沙瓦成為英國統治地，英殖民者在該城駐有重兵。1867 年，白沙瓦建市。城市佈局與建築有濃厚的普什圖文化特徵。居民多屬帕坦人，操普什圖語。

城內著名的建築物很多，有錫克城堡、卡特里佛廟、馬哈巴特·汗清真寺（建於 1632 年）、白沙瓦博物館。在城東有建於西元前 2 世紀、次大陸最大的佛塔，但現僅見其遺址，遺址位於沙阿吉德里土崗。白沙瓦在印地語中意為「萬花之城」，最初來源於梵文，梵文意思為邊境城鎮。全城多花、多果、多樹木，地勢險要，是中亞、西南亞與南亞次大陸之間的交通要衝。印度蒙兀兒帝國統治者亞格伯改稱為現名。白沙瓦產生過巴基斯坦歷史上有名的犍陀羅文化。玄奘在《大唐西域記》中是這樣描述白沙瓦的：「穀稼盛，花果繁茂，多甘蔗，出石蜜，氣序溫暑，略無霜雪。」

此外，白沙瓦也是一座具有民族特色的城市。由於這裡有巴基斯坦的一個少數民族──帕坦人，白沙瓦的城市佈局和建築很少受西方文化的影響，保持著濃郁的普什圖文化特色。帕坦人尚武，主要從事

畜牧業生產，是巴基斯坦畜牧業最發達的地方。白沙瓦被人稱為是除了拉合爾以外，巴基斯坦最有浪漫主義色彩的城市。坐落於傳奇的開伯爾山口東部盡頭的貿易之城白沙瓦，城中彙聚了各地的亞裔商人。白沙瓦的老城部分彷彿讓人們回到小說之中。

　　老城的建築物已經十分破舊，各種攤販、騾車、輕便雙輪馬車、人力車、摩托車、牛車、精彩的普什圖人遊行、阿富汗人和奇特爾 (Chitrali) 人，充斥著街道。道路兩旁擁擠著眾多店鋪，商人們吸吮著茶販從附近茶鋪送來的卡瓦 (Khawa) 綠茶。他們有時還會友好地邀請路上的旅遊者與他們一道飲茶。在白沙瓦最繁華地段的奎撒‧卡瓦尼 (Qissa Khawani) 集市，擺著各種水果的攤位、甜食店、賣烤肉、炙肉的餐館等，佈滿馬路的兩旁。除此之外，還可聞到茶香、豆蔻香以及檀香味，當然，也有菸味和汗味。在集市的盡頭，有一個銅器集市。這兒經營有精美的金屬餐具、茶壺和別致的花瓶。每個店的門口都堆滿了這些東西，手藝人們雙腿交叉坐在旁邊。離銅器集市幾分鐘的距離，就是白沙瓦老城的一個中心廣場，這裡是該城舉行政治遊行和集會的傳統場所。金匠和銀匠集市離這裡也很近。坐在白沙瓦的茶館裡，透過茶館的玻璃窗，可以看見街上不同膚色不同裝飾的人們穿梭往來。他們有的是穿著本地寬鬆的民族服飾的帕坦族人；有的是拿著攝影器材到處拍照的黃種人 (這裡日本遊客特別多)；有的是來自鄰國躲避戰亂的阿富汗人；有的是來自美國的登山愛好者和背包族；還有的是來自歐洲的旅行團等等。

　　白沙瓦是友好的。每個與你擦肩而過的行人都會親切地跟你打招呼、交談、握手，繼而成為朋友。只要長相看起來是來自遙遠國度的遊客，許多白沙瓦人都會很友好地問: "Where are you from?" (您從哪兒來?) 如果遊客跟他們交談的話，他們會繼續問一些諸如「你結婚了嗎?」「有幾個小孩?」或「為什麼不要小孩?」之類的話。西方人在一起只是談論天氣，和他們比起來，白沙瓦人的話語顯得真誠而實在多了。除了拉合爾外，白沙瓦可以說是巴基斯坦最具浪漫特色的城市了。

圖 13: 白沙瓦的水果攤

不過，不同於拉合爾的是，白沙瓦的浪漫總伴隨著一絲隱約的不安。雖然現在已經不提倡公開帶槍支了，但到該城西部地區旅遊的遊客肯定還會看到武裝的部落護衛隊。

這兒值得一提的是塔拉。它位於白沙瓦以南 40 公里處，是巴基斯坦最大的軍火生產中心，聞名世界的「槍城」。城裡的大小商店出售各種各樣的槍支：從黑色的來福槍、精巧的自動手槍，到重機槍、反坦克炮等等都可買到。還可以根據顧客的要求，定做各式武器。塔拉的居民幾乎都是世代居住在這裡的帕坦族。小城人口雖然不多，卻有 2000 多人直接從事槍支生產。他們大多以家庭為單位或二三個人為一組組成「生產線」。他們技術高超，可以仿造絕大多數國家生產的任何類型槍支。這裡的帕坦人把製造槍支看作人生的一大樂趣，並引以為自豪。特別要求男人要善於此道。在槍城購槍的多是邊境和山區居民，目的主要是用以打獵或防身。

開伯爾山口是連接巴基斯坦與阿富汗的軍事要塞，始於白沙瓦以

西 18 公里處，順山勢蜿蜒至距白沙瓦 57 公里處的托克漢姆 (Torkham)。從山口處立的石碑看來，這裡真是戰事連綿，城頭到處插著變換的大王旗，也代表這裡從來沒有過一天的安寧。路上可以看到，沿途民居的牆上都有很多設置好的槍眼，以備不時之需。歷史上，入侵印度次大陸的波斯人、希臘人、韃靼人、蒙兀兒和阿富汗人的軍隊都曾經過這個山口，它是中亞、南亞、西亞以至地中海地區國際交往的要道。西元 6 世紀，中國三藏法師玄奘就曾途經此地。如今，這個山口不僅是巴基斯坦與阿富汗之間的通道，而且還仍然是整個南亞與中亞之間的交通要道與捷徑，所以素有巴基斯坦「西北門戶」之稱。同時，開伯爾山口也是形勢險要的戰略要地。山口位於喀布爾河的一條支流谷地上，海拔高度 1100 公尺，全長 30 公里。山口通道兩山夾峙，蜿蜒曲折，地勢起伏，寬窄不一，最寬處可達 500 公尺，但最窄處僅 16 公尺。這樣險要的地形，可真是「一夫當關，萬夫莫開」，所以自古以來就是兵家必爭之地。今天，這裡仍可見歷史上著名的英國兵團留下的遺跡。

圖 14：開伯爾山口　由於此地是重要的戰略要地，所以也成為歷來入侵者的必爭之地。

　　巴基斯坦獨立後，城市建築和現代工業有一定發展，喀布爾河上裝機 16 萬千瓦的瓦薩克水電站建成後，城市的發展獲得了動力。主要工業有紡織、製糖、水果罐頭、製鞋等，手工業以陶瓷、刺繡、銅器、象牙製品和刀劍製作等著稱。市內還有巴基斯坦北部大型乾果集散地。有鐵路或公路與拉合爾、拉瓦爾品第、海德拉巴、喀拉蚩、喀布爾相連，空中與拉瓦爾品第、奇特拉爾、喀布爾等地相通。特別是西經開伯爾山口通向喀布爾的國際公路是巴基斯坦與阿富汗聯繫的大動脈。市內建築密集，街道曲折狹窄，沿街多集市，舊城外多花園。有白沙瓦大學，1950 年創立，大學現有 5 個獨立學院，18 個附屬學院。市內科研機構有白沙瓦農業研究所、中央森林研究所、獸醫研究所。

第四節　俾路支省

一、自然與人口

　　俾路支省是巴基斯坦面積最大、人口密度最小的省份。全省 34.719 萬平方公里，但人口卻只有 656.6 萬，平均每平方公里只有 19 人。俾路支省位於巴基斯坦西部，其西和西北與伊朗、阿富汗相鄰；其北是巴基斯坦西北邊境省和旁遮普省，東是信德省，南瀕阿拉伯海，海岸線長達 770 公里。俾路支省遍佈高山和寬闊的平原，而且有著巴基斯坦最長的海岸線，因此，全省可分為 3 個不同的氣候區：沿海區氣候溫和，內陸沙漠和不毛地區炎熱難熬，山區則寒冷。卡納特高原和奎達─皮辛還有降雪，冬季氣溫一般在零下幾度、降雨稀少而且沒有規律。

　　省府設在奎達。全省有 6 個行政區：奎達、錫比、卡納特、麥克蘭、納西拉巴得、若布。俾路支省水果聞名全巴基斯坦，有巴基斯坦水果花園之稱。東部和東北部較寒冷的山地，氣候特別適宜於蘋果、葡萄、櫻桃、杏子、扁桃、桃子、胡桃以及其他各種各樣溫帶水果。

在較熱的俾路支平原區，盛產芒果、番石榴、蕃茄、西瓜、甜瓜等熱帶水果。

　　數百年來現在的俾路支地區四分五裂，眾多的邦主和部落酋長各自為政，只關注自己的統治權，不注意發展社會經濟，所以，與其他巴基斯坦省份相比，俾路支的百姓更加貧窮，經濟和社會發展更加落後。英國人統治時期，將該地區分為土邦、部落區和「定居」區。1947年巴基斯坦獨立後，併入巴基斯坦，1952年組成俾路支邦聯，後統一組成俾路支省。俾路支省有許多山地通道，進入奎達的山間通道是歷史上非常有名的波蘭山口。另一條著名的通道被稱作科賈爾通道，將奎達與查曼、巴基斯坦與阿富汗邊界相連。亞歷山大大帝離開信德後，通過南拉斯貝拉和東麥克蘭撤出次大陸。距離奎達124公里的齊亞拉，四周高山環繞，生長著樹齡長達300多年的杜松，這是世界上最大和最古老的杜松樹林。巴基斯坦國父真納就在此地度過他最後的日子。

二、經濟與社會

　　農業是俾路支省最重要的經濟部門。全省有75%的人口從事農業、牧業。全巴基斯坦45%的水果是由俾路支省提供的。所以，農業的發展和農民生活的改善是俾路支省社會進步中最重要的一環。由於氣候和土壤關係，俾路支省出產的水果質量好，產量高，水果收入超過其他農作物收入的4–5倍。水果成為該省出口創匯的主要產品。全省可耕地大約有1679萬公頃，其中只有20%的可耕地，約340萬公頃得到利用。在這340萬公頃使用土地中，有130萬是灌溉地，更多的是旱地，達210萬公頃。耕地的使用，可分為三種，一是農作物，有96.8萬公頃；二是水果園，佔8.3萬公頃；再次是蔬菜地，4.39萬公頃。

　　俾路支省家禽養殖業比較發達。8.5%的俾路支人半農半牧或完全以放牧為生。主要牲畜是牛、綿羊和山羊。但由於過度放牧，一些山地和草場植被遭到嚴重破壞，政府一方面限制放牧，另一方面投入人

力和物力改良草場。俾路支省食品加工業在巴基斯坦食品業中佔有一定比例。每年俾路支省提供 5 萬噸肉食品。另外，每年生產 8000 至 1 萬噸毛絨和 200 萬張獸皮。巴基斯坦海岸線總長 1100 公里，其中信德省海岸線長 330 公里，俾路支省海岸線長 770 公里。俾路支省海岸漁業發達，漁產品出口佔巴基斯坦對外出口的 2%，在國內生產總值中佔 6.3%。漁產品加工業前景看好。政府在瓜達爾和索米利等地建立新的漁港。

1980 年代，省政府大興造林之風，在山地和平原農地間種植各種樹木，植樹面積達 3.1 萬公頃。為滿足木材市場需求，林業科研究人員已培植出多種速生林，比如楊樹、桑樹等。俾路支省山區，盛產具有較高藥用價值的草本植物。一種是可以提煉出麻黃鹼的麻黃屬植物，每年生產約 4200 噸。還有其他藥用植物，產量都很高。俾路支省的一些木材和藥用植物，在許多工業國家很受歡迎，需求量不斷增加，因此，省政府已建立兩個專業性農場，培植良種苗。

巴基斯坦獨立時，俾路支省是南亞次大陸工業最落後的地區。當時全省只有兩座化學製藥廠、兩座水果貯藏加工廠、一座打米廠、一座麵粉廠。現在省政府正投入大量人力、物力，發展一些基礎設施的建設。俾路支省礦藏豐富，在蘇伊、烏奇等地，天然氣儲量很大；在皮爾科赫已發現大型石油帶。此外，在俾路支省還發現其他多種礦藏，這些礦藏商業價值很高。但是，由於缺乏資金、技術條件和其他基礎設施，這些礦藏並沒有得到有效開發。

俾路支省的河流平時流量很小，每年只有一至兩個月，因降雨，河流量較大。主要河流有若布河、納里·波南河、薩萬河、比辛·羅拉河、木拉河、哈布·波拉里河、拉克珊河、馬斯克爾河和達什特河。有三條人工河渠：帕特·費德爾水渠、沙漠水渠和基爾塔爾水渠。這些運河將古杜大壩的水引向俾路支省的農業區。此外，還有一些小型水壩和小型灌溉系統，較為有名的有比辛地區的邦德·庫什迪爾汗、曼吉、果吉水壩、沙波水渠，錫比地區的哈奈水渠、哈布大壩等。

俾路支省自然資源豐富，發展潛力巨大。麥克蘭沿海的漁業、塞恩達克的金礦、銅礦都將得到開發，屆時將對該省就業和整個社會經濟發展起到一定促進作用。省政府特別重視水、電、煤氣的供應。隨著新的教育機構的設置，省政府也對全省各類學校提供現代教育服務。

三、主要城鎮

俾路支省城鎮規模都比較小，最主要的城市是俾路支省首府——奎達專區和縣行政中心的奎達。奎達，又稱為基達。位於波蘭山口西北，除南部外，周圍被山包圍。1998 年統計，奎達人口 76 萬。城內有毛織、水果罐頭、釀酒、染料、硫磺提煉及火力發電等工廠。盛產葡萄、桃、西瓜等水果。是巴基斯坦與阿富汗的交通要衝。有鐵路、公路通往蘇庫爾、桑德曼堡、恰曼等。奎達設有全國地震研究中心、地球物理研究所、地質調查所等科研機構。奎達源自普什圖語，意為「堡」。奎達居民的祖先居住在米里，而米里也有「堡」的意思。

圖 15: 奎達農村　儘管巴基斯坦近年來都市化的程度愈來愈高，但是農業仍是很重要的部門。

第五節　巴控克什米爾

前面提到，巴基斯坦實際控制克什米爾的一部分劃為聯邦管轄的北部地區（72496 平方公里）及查謨和克什米爾（13279 平方公里）。這裡討論的是查謨和克什米爾地區。

一、自然與人口

查謨和克什米爾位於東經 73°–75°，北緯 33°–36° 之間，面積 1.3 萬平方公里。主要由山地、河谷和山間平原組成。森林茂密、河流湍急，並有許多山間小溪，風景秀麗。主要河流有傑盧姆河、勒盧姆河和蓬奇河。屬亞熱帶高山氣候，年平均降雨量 1500 公釐。從南向北，海拔由 360 公尺上升到 6325 公尺。積雪線冬季在海拔 1200 公尺、夏季升到 3300 公尺左右。巴控克什米爾地區的居民 100% 是穆斯林。91% 的人口是農民。人口密度為每平方公里 189 人。巴控克什米爾地區總耕作面積 17.1402 萬公頃，佔該區總面積的 13%。主要作物有高粱、小麥、稻穀、玉米，其他作物有各種豆類和蔬菜。全地區果園面積有 7996 公頃，主要水果有蘋果、梨、胡桃、杏子等。森林覆蓋面積為 55.3099 萬公頃，佔該地區面積的 42%，遠遠高出巴基斯坦全國森林覆蓋率 3% 的平均水平。主要樹種有雪松、羽衣甘藍、雲杉等。

二、經濟與社會

由於巴基斯坦實際控制克什米爾地區的人民持巴基斯坦護照，不享有對中央政府的選舉權，但享有對該地政府的選舉權，所以查謨和克什米爾有一個議會形式的政府。查謨和克什米爾的主席是該邦的首領；首相由一個部長委員會協助管理，部長委員會是主要的最高行政機關。立法委員會由 48 人組成，其中 40 人是直接選舉產生，8 人是由議會選舉產生。巴控克什米爾有自己的最高法院和高級法院。自由

克什米爾分為 5 個行政區：穆紮法拉巴德、普奇、巴格、米爾浦爾和科特里。穆紮法拉巴德是巴控克什米爾的政治經濟和文化中心。巴控克什米爾地方行政機構和民間組織完善。全地區有 180 個聯合委員會、12 個城鎮委員會、30 個市場委員會、7 個市政委員會、16 個稅收區、1644 個村莊。

巴控克什米爾的法律法規在巴基斯坦政府領導下發揮作用。巴基斯坦政府負責巴控克什米爾的國防與安全，中央政府負責發行各種貨幣、負責巴控克什米爾的外交事務，包括外援和外貿。聯邦政府設有巴控克什米爾和北方事務部，協調該地區與聯邦政府之間關係。為發展巴控克什米爾地區經濟，巴基斯坦政府幫助地區政府發展水果經濟，具體措施是提供貸款和其他物質援助。一些政府和半官方企業投資礦產資源勘測和開發。在巴控克什米爾地區已發現儲量較豐富的礦藏有煤、鋁釩土、皂土、耐火黏土、石墨、石膏、石灰岩、白雲石、雲母、白鐵礦、石英岩、皂石以及寶石礦等。政府正計劃在什翁特爾河谷、科特里、穆紮法拉巴德建立採礦企業。

巴控克什米爾地區的識字率高於全國平均水平。在 5–9 歲年齡段的孩子中，有 95% 的男童、80% 的女童在校就讀。巴控克什米爾地區有包括農業、管理科學、電力工程、藝術和科學等系科的大學。1990–1991 年在拉瓦拉科特建立了多種技術學院，並計劃在穆紮法拉巴德建立同類學校。

第六節　聯邦直轄部落地區

聯邦直轄部落地區，又稱邦和邊境地區。邦和邊境行政區負責該地區的行政事務和經濟社會發展，向阿富汗難民提供物質和資金援助，負責該地區的邊境警察和徵稅等業務。聯邦直轄部落區分為 7 個小區：開伯爾、莫哈曼德、南瓦茲里斯坦、北瓦茲里斯坦、庫拉姆、巴焦爾、奧拉克茲和幾個邊境區：白沙瓦、科哈特、D・I・汗、班努。總面積

2.722 萬平方公里，人口 317.6 萬。邦和邊境行政區全面負責聯邦直轄部落區各項事務，民事和刑事案依據 1901 年通過的〈邊境犯罪條例〉處置。1989 年，在聯邦直轄部落區實施 1973 年巴基斯坦政府通過的〈國民登記條例〉；在省直屬部落區（位於馬拉坎德地區）實施〈西北邊境省商業登記條例〉。其他巴基斯坦法律或條例，視其需要在聯邦直轄部落區和省屬部落區實施。

政府非常重視部落地區的教育。除在該地區設立正規的初級和中等教育學校外，另外選派多名學生到巴基斯坦其他地區的醫學、工程、多種技術、研究生等教育機構學習。政府還為部落地區提供教育專款，資助部落優秀青年到國外就讀。有些部落子弟亦在國外讀書，為此政府提供了 290 萬盧比。政府專門設置部落地區就業管理委員會，負責該地區就業培訓和為失業人員提供就業機會。聯邦政府每年制定部落地區發展計劃，向該項目提供特別資金，其中 85% 的資金撥給西北邊境省政府，由省政府負責具體實施計劃。另外 15% 由聯邦直轄部落區的發展局管理。為促進聯邦直轄部落區發展，在該地區發展計劃外，還撥出 2.4 億盧比，資助部分特殊發展項目。僅 1990 年，政府就撥出 4.27 億盧比給聯邦直轄部落區。

由於蘇聯入侵阿富汗和阿富汗內戰，大量阿富汗難民進入巴基斯坦，10 多年來，大約有 400 萬阿富汗難民停留在巴基斯坦，主要停留在西北邊境省和部落地區。大量阿富汗難民造成巴基斯坦極大的困難，為政府財政帶來極大壓力。巴基斯坦政府不得不向聯合國、世界銀行和一些國家發出呼籲，希望能得到幫助，安置好阿富汗難民。但是，由於東歐和中東的變動，加之阿富汗重建，巴基斯坦重建需要更多的援助，使得阿富汗難民問題受到冷落，為安置難民所獲得的資金減少。1996–1997 年阿富汗內戰再起，使得難民問題仍得不到完全解決。

聯邦直轄部落區的邊境警察是一支獨立的地方武裝。自建立以來，其力量不斷發展。負責管轄西北邊境省和聯邦直轄部落區之間的地區；同時負責部落地區的內部安全、日夜守衛城鎮地區、反恐怖活動、攔

堵從阿富汗來的走私活動。現在，這支部隊的責任區不再僅局限於西北邊境省，而且已延伸到信德省、北部地區和聯邦首都。邊境警察有時還負責整個國內安全，以及重要人物來訪的安全。所以說，它已是具有多種職能的地方警察部隊。邊境警察部隊總部設在白沙瓦，總部設有司令一職。分為 14 個區，每一區的戰鬥組織是一個排。整個部隊共 1.514 萬人。部隊由邦和邊境地區事務部管轄，同時受聯邦政府的領導。

聯邦直轄部落區的稅收警察，其歷史可以追溯到英國人統治時期。當時的稅收警察不僅徵稅，而且維護當地的法律和秩序、監督當地官員、鎮壓反政府和反叛國家的活動。在今天的西北邊境省和俾路支省都設置了稅收警察。今天，西北邊境省的稅收警察，主要分佈在科哈特部落區、馬拉坎德、白沙瓦、D・I・汗行政區。1947 年時，稅收警察有 9263 人，1990 年代初，發展到 1.918 萬人。另外，在奇特拉爾有 179 人的邊防警察。俾路支省的國家稅收警察有 3528 人。聯邦政府通過邦和邊境地區支付稅收警察工資。隨著其職責的增加，撥給的財政預算也不斷增加。

Pakistan

第 II 篇
豐富的巴基斯坦文化

第三章
多民族的國度

第一節 巴基斯坦諸民族

巴基斯坦是一個多民族國家。追溯歷史,最早居住在巴基斯坦地區內的土著人為達羅毗荼人。後來先後遷移到南亞定居的民族有亞利安人、希臘人、土耳其人、波斯人、阿富汗人、阿拉伯人和蒙古人。巴基斯坦各民族分為亞利安族系和伊朗族系,均屬於印度歐羅巴人種。亞利安族系和伊朗族系從中亞細亞的亞利安人衍化而來。從中亞地區直接遷移到印度的亞利安人稱為印度亞利安人;從定居在伊朗和阿富汗的亞利安人中分支出來再進入印度的亞利安人被稱為伊朗族系的亞利安人。這兩支遷移民族進入印度後,與當地的土著居民雜居通婚。這些民族經過長期的融合,繁衍成為今天巴基斯坦境內的四個主要民族:旁遮普人、信德人、帕坦人和俾路支人。

一、旁遮普人

為巴基斯坦的主體民族,佔全國人口的 63%,屬歐羅巴人種地中海類型,混有蒙古人種血統。主要生活在最富庶的旁遮普省、西北邊

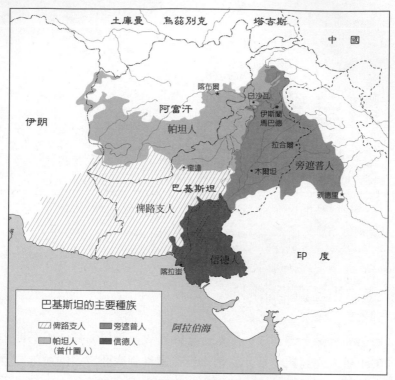

圖 16：巴基斯坦各民族主要分佈圖

境省的哈拉紮和德拉伊斯梅爾汗區，另外還有少量旁遮普人散居在白沙瓦、馬爾丹、奎達、洛拉萊、卡拉廳和信德北部地區。屬於亞利安人種，在巴基斯坦上層社會中佔有統治地位，控制軍政要職。務農、從軍為旁遮普人的重要職業，巴基斯坦軍隊主要是旁遮普人。從旁遮普人的宗教信仰來看，大約有 97% 以上信奉伊斯蘭教，2% 的人信仰基督教，另有 1% 的人信仰其他宗教。從社會地位和歷史傳統來看，旁遮普人又分為拉吉普特人、賈特人和阿倫人三大支系。社會地位最高的是拉吉普特人，他們是傳統的武士、統治者和土地持有者以及自耕農；巴基斯坦軍隊中的絕大多數官兵來自拉吉普特人，其中不乏高級軍官。賈特人的社會地位僅次於拉吉普特人，生活一般比較富裕，

他們為國家提供兵源。阿倫人也有一定社會地位。從外貌特徵來看，典型的旁遮普人身材魁梧，肩寬，顯得特別健壯，眼睛黝黑，大部分人皮膚呈橄欖色，少部分人皮膚白晰，頗似歐洲人。旁遮普人強悍勇猛，在歷史上曾經奮起抗擊蒙兀兒人和英國殖民者的入侵。農民常穿無領長袖布衫，纏圍褲，包長頭巾；逢年過節和婚嫁喜慶時，則穿絲綢衣服，頭巾的一端或兩端垂在耳上。城市婦女穿肥腿長褲、單衫、披披巾。婦女善繡花，披巾上常繡有各種花飾圖案。以麵食為主，喜食酥香和奶酪。

旁遮普人主要定居在土地肥沃、水源充足的旁遮普平原。農業發達，種植的農作物主要有小麥、棉花、甘蔗、水稻等；巴基斯坦建國後，旁遮普人的紡織、地毯編織業得到進一步發展，新興機械、電器和其他工業也有一定發展。少部分居住在丘陵和山區的旁遮普人兼營農牧。

二、信德人

主要居住在信德省和俾路支省的拉貝拉地區，佔全國人口的 18%，屬亞利安人種，混雜有帕坦人、俾路支人和阿拉伯人的血緣，民族成分較複雜，操信德語。91% 的人信奉伊斯蘭教，且多為素尼派；其餘 9% 信仰印度教、佛教、基督教和錫克教。信德人身材高大，皮膚深黑。由於信德省是巴基斯坦的門戶，信德人的工作方式更直接受到伊斯蘭教的影響。信德人現在主要從事農業、商業和手工業，但歷史上，信德人崇尚農業，祖輩務農。在中世紀，土著的信德人曾分為蘇姆羅、薩莫、蘇馬拉和穆沙諾等眾部落，在西元 11 世紀至西元 16 世紀的 600 年間，曾建立王朝，統治信德全省。

三、帕坦人

多居住在西北邊境省，在全國人口中所佔比例為 11%，也稱普什圖人，與阿富汗的主體民族普什圖人同屬一個種族，自稱巴克同人，

主要操普什圖語，屬伊朗人和土耳其人的混血種，主要從事游牧業。
帕坦人信奉伊斯蘭教，屬素尼派。主要生活在西北邊境省的班努、科
哈特、馬爾丹、白沙瓦、迪爾、斯瓦特和俾路支省的奎達、洛拉萊、
茲霍勃等地區。由於自然條件的限制，帕坦人主要經營畜牧業和農業。
相對於旁遮普人、信德人，帕坦人的社會經濟和文化均較落後，至今
還保留著部落組織殘餘，現有 9 個較大的部族：阿夫里底、莫要德、
馬赫蘇特、瓦齊里、尤瑟夫札伊、哈塔克、卡卡爾、索拉尼和吉爾札
伊。這些部落在服飾、方言和風俗習慣方面均有差異。帕坦人社會中，
男子居主要地位，婦女處於從屬地位，仍有父權制的明顯痕跡。

　　帕坦人身材高大而勻稱，皮膚呈淡褐色、深眼窩、藍眼珠，眼光
炯炯有神；頭型有長有方；鼻子大多長而直，特別是鷹鉤鼻。男子體
格健壯，顴骨凸露，頭纏長巾，身著寬大的長上衣，有的頭戴卡巴帽，
留有風趣的小鬍子。男子個個腰紮子彈袋，槍不離身。帕坦人性情強
悍而直爽，純樸又熱情。帕坦人歷史悠久，自古居住在南亞通向西亞、
中亞的交通要衝，來自中亞、土耳其乃至希臘的異族統治者曾通過該
地區，在今天的巴基斯坦爭霸稱雄。這對帕坦人產生了影響。他們勇
猛尚武，抗擊外來統治者。在英國殖民統治時期，帕坦人為爭取民族
獨立進行了英勇不屈的戰鬥。在帕坦民族政黨紅衫黨的領導下，多次
英勇抗擊英國殖民者，這一戰鬥一直持續到英國殖民主義者被迫結束
在南亞次大陸的殖民統治時。

四、俾路支人

　　屬伊朗種族，是伊朗人與土耳其人的混血種。與帕坦人有密切的
血緣關係。佔全國人口的 4%，操俾路支語。在文化、社會組織、民族
習慣等方面深受波斯文明的影響。絕大多數俾路支人信奉伊斯蘭教，
少數人信仰祆教、基督教、天主教。俾路支人主要居住在俾路支省，
也有一些居住在信德省。俾路支人主要從事農業和畜牧業，社會經濟
文化落後。共分成 18 個部落集團：布格提、布列迪、博達爾、多姆基、

德里哈克、吉爾查尼、賈克拉里、科沙、采加里、倫德、馬里、馬紮里、馬加希、烏姆拉尼、門加爾和比曾喬等。其中布格提、馬里、門加爾和比曾喬 4 個部落集團人數最多。俾路支人的形體特徵是，頭顱短，眼睛圓鼓、烏黑，體形勻稱。男子鬍鬚長而有光澤，密而飄垂，體格健壯、善騎射，常佩短劍或長刀。

五、其他民族

除上述四個主要的民族外，在巴基斯坦還有其他一些民族，其中人口較多的是布拉灰人。布拉灰人屬達羅毗荼人，操布拉灰語。信仰伊斯蘭教，多屬素尼派。大部分人居住在俾路支省的克拉特地區。主要從事農業、畜牧業。布拉灰人身材矮小、壯實，面微圓，皮膚黝黑，頭髮呈深褐色，自然捲曲，眼睛褐色。布拉灰人以氏族部落為單位，總體上可分為本地布拉灰人、沙拉萬布拉灰人、札拉萬布拉灰人、混合布拉灰人 4 個部落集團。

另外，巴基斯坦還有一些少數民族，他們規模小，人數不多，散居於全國各地區，但主要分佈在北鄙、西鄙山區。居住在興都庫什山中的有廳特拉爾人、卡費爾人、科希斯坦人，他們均操達爾德語。廳特拉爾人佔西北邊境省廳特拉爾地區居民的絕大部分，早在 16、17 世紀已形成封建關係。卡費爾人和科希斯坦人仍保留著民族部落組織的殘餘。在廳特拉爾北部，居住著布里什克人，操布里什克語。另外，還有古吉拉特人，分散在信德省的特哈巴爾卡卡、納瓦布沙和海德拉巴等地區。

根據巴基斯坦國父真納的兩個民族理論,巴基斯坦只有一個民族，即穆斯林民族、非穆斯林和其他巴基斯坦人。政府根據宗教信仰，把穆斯林稱「多數民族」，佔全國人口 3% 的印度教徒、基督教徒、祆教徒、錫克教徒稱為「少數民族」。巴基斯坦聯邦政府專門成立了宗教事務和少數民族事務部，下轄少數民族事務顧問委員會。該委員會由 6 名官員和 65 名非官方成員組成,負責保護少數民族的權利和促進少數

民族經濟社會和文化發展。在地區行政機構中成立地區少數民族事務委員會，負責處理本地區少數民族日常事務。

為推動少數民族文化事業的發展,政府每年撥出 45 萬盧比獎勵傑出的少數民族作家、詩人、藝術家。1990 年，政府撥出 40 萬盧比修復信德省的兩座印度教寺廟，撥出 1 萬盧比資助拉瓦爾品第的天主教和錫克教青年委員會。巴聯邦政府建立了擁有 500 萬盧比的「少數民族獎學基金」，另外撥出 4000 萬盧比用於各地少數民族經濟和社會發展。1989–1990 年度，政府共撥出 1200 萬盧比，用於維護分佈在全國的 37 座錫克教謁師所和 16 座印度教寺廟。另外安排來自印度和其他國家的錫克教徒、印度教徒來巴基斯坦拜謁他們的聖地。1990 年，共有 7580 名錫克教徒和 600 名印度教徒訪問巴基斯坦,巴政府為此花費了 156 萬盧比。

第二節　民族語言

《1973 年巴基斯坦憲法》規定，烏爾都語為巴基斯坦伊斯蘭共和國國語；英語為官方語言，政府文件、大部分學術文獻、重要官方和民間刊物，使用英文。阿拉伯語、波斯語以及各地方語言在巴基斯坦政治、經濟、文化生產中仍與烏爾都語、英語並存，並發揮相當重要的作用。可見，巴基斯坦是一個使用多種語言的國家。

在巴基斯坦使用的語言中，除英語外，其他本民族和本地區語言屬於印歐語系和達羅毗荼語系，其中操印歐語系語言的人數佔全國總人口的 99%。印歐語系又可細分為新印地語族、伊朗語族和達爾德語族。新印第語族在巴基斯坦使用很廣，人數最多。在巴基斯坦屬這一語族的語言有烏爾都語、旁遮普語、信德語、孟加拉語、古吉拉特語和拉賈斯坦語。伊朗語族主要在西北邊境省和俾路支省使用，其中有普什圖語、俾路支語。達爾德語族是新印第語中影響較小的一種語族，其中有霍瓦爾語、科希斯坦語等。達羅毗荼語是次大陸較古老的一種

語言，在巴基斯坦境內使用達羅毗荼語系語言的人數少，使用區域較小，在巴境內屬達羅毗荼語系的只有布拉灰語。

一、烏爾都語

　　烏爾都語是巴基斯坦官方語言，全國 95% 以上的人能講該語言，但以烏爾都語為母語的人很少，僅佔巴基斯坦總人口的 7.6%，主要是來自於印度的移民。巴基斯坦主要報刊、廣播、電影和文學作品使用烏爾都語，從而對巴政治、經濟、文化、社會生活等各個方面產生重要影響。烏爾都語原稱為「卡里伯里」，以印地語為基礎，吸收了大量的波斯語、阿拉伯語和土耳其語的詞彙，基本上採用波斯語的書寫字母。它是由 8 世紀進入次大陸的穆斯林使用的波斯語與德里附近居民使用的西部印度語融合而成的一種新語言。「烏爾都」一詞來自古突厥語，意為「軍隊」或「兵營」，由於這一新的語言當時主要用於征服者的軍隊中，人們便稱之為「烏爾都語」。12 世紀左右基本形成，14 世紀初，烏爾都文漸趨成熟，出現了用烏爾都文寫的詩歌和宗教作品；17 世紀末發展成為伊斯蘭教的文學語言；19 世紀初，烏爾都語作為官方語言在全印度流行，正式取代了波斯語的官方語言地位。

　　烏爾都語是南亞次大陸的一種主要語言，流行於巴基斯坦、印度和孟加拉。1947 年印巴分治後，烏爾都語被確定為巴基斯坦國語，它還是印度的一種主要語言，孟加拉的比哈爾人也通用烏爾都語。烏爾都語有 35 個字母，54 個音素，有一形多音和同音異形字母，採用自右向左的波斯語書寫體。此外，由於波斯語在西元 600 年時是次大陸的官方語言，大量的波斯語詞彙、成語、構詞法等為烏爾都語所吸收。烏爾都語的詞彙約 40% 來自波斯語，約 20% 來自阿拉伯語，其餘詞彙來自梵文演化而來的印地語，還有 15% 的英語詞彙。此外，還有來自土耳其語、葡萄牙語、法語等為數不多的詞彙。以勒克瑙的烏爾都語為標準語，中心在德里、勒克瑙、海德拉巴和拉合爾、喀拉蚩等地。印巴分治後，巴基斯坦與印度的烏爾都語差別主要在詞彙上：巴基斯

坦的烏爾都語吸收了更多的阿拉伯語和波斯語詞彙，而印度的烏爾都語中梵文詞彙逐漸增加。

二、旁遮普語

旁遮普語又稱「五河之語」，主要在旁遮普省流行。旁遮普語有多種方言，主要分為東部旁遮普語（原旁遮普語）和西部旁遮普語。東部旁遮普語也就是拉合爾地區的瑪茲赫方言。西部旁遮普語包括南部方言、西北方言和東北方言。南部方言使用人數較多，集中在鹽嶺以南地區以及沙普爾、特哈里、克拉特拉尼、賈菲爾等地。西北方言包括沙瓦因、德哈尼（德戈）等土語。東北方言有奇勃哈里、波特赫瓦利、巴哈利、阿瓦卡利、格赫比等土語。

三、信德語

信德語主要流行於信德省。信德語受烏爾都語、印度北部語言、阿拉伯文的影響較深，另外也有自己獨特的字母。信德語有四種方言：維格里方言，被語言學家稱為標準的信德語，流行於信德省中部地區，是信德語的文學語言；錫萊基方言，在發音上與維德里方言稍有差異，流行於信德省北部地區。拉西方言，集中在信德省西部地區；拉利方言，集中在印度河下游地區。信德語是信德省中小學的教學語言，是信德省僅次於烏爾都語的重要語言。信德省有用信德文出版的報刊書籍。

四、普什圖語

普什圖語亦稱阿富汗語，屬伊朗語族，集中在巴基斯坦西北邊境省。普什圖語是帕坦人的語言。從使用地域看，可分為東部方言和西部方言，巴基斯坦以西部方言為主，也有部分帕坦人使用東部方言。西部方言保存 Sh(s) 和 Zh(z) 兩個古音，所以又稱軟方言。普什圖語深受波斯語、阿拉伯語、土耳其語、印度語、蒙古語乃至西歐國家語言

的影響，因而普什圖語中至今還保留有這些語言的詞彙。西北邊境省中小學使用普什圖語，也有以普什圖文出版的報紙書刊，與烏爾都語並用。

五、俾路支語

俾路支語屬伊朗語族，主要流行在俾路支省。從語音結構上看，更接近現代波斯語。俾路支語可分為東部方言和西部方言。東部方言有送氣輔音，大幅度發展了摩擦音，借用了大量印度語詞彙。西部方言借用了大量波斯語詞彙和表達方式。俾路支語曾只是口頭語言，書面語言發展緩慢。近年來，俾路支語開始在俾路支省的中小學中作為教學語言使用。

六、達爾德語

達爾德語流行於北部山區，是歷史上阿勃姆、吉爾、斯瓦特、奇特拉爾等公國使用的地方語言，可分為西部方言、中部方言和東部方言。西部方言又稱為卡菲爾方言。中部方言包括加瓦爾－巴提、卡拉薩、霍瓦爾等方言。東部方言分為科希斯坦、哈魯拉、希納、克什米爾等方言。從語源上看，達爾德語受印度亞利安語族和伊朗語族的影響很深。達爾德語是口頭語言。

七、布拉灰語

布拉灰語屬達羅毗荼語系，是口頭語言。主要流行在俾路支省的卡納特地區和信德省的個別地區。布拉灰語中有大量波斯語和印度亞利安語詞彙，受波斯語和印度亞利安語的影響很大。使用布拉灰語的居民同時還使用俾路支語或信德語。

第三節　巴基斯坦的文學與藝術

　　巴基斯坦是一個多語言的國家，在不同的語言文學基礎上形成多種文學，主要有波斯語文學、烏爾都語文學、旁遮普語文學、信德語文學、普什圖語文學和俾路支語文學、克什米爾語文學以及英語文學。

一、波斯語文學

　　巴基斯坦的波斯語文學產生於 11 世紀。其主要代表人物有 11 世紀的詩人溫素里、法魯希、曼努吉赫里、艾布·法拉傑·魯尼，散文家達達·甘吉巴赫希·阿里·哈吉維里；12 世紀的詩人奧斯曼·穆赫塔里和馬蘇德·薩阿德·薩勒曼；13 世紀的詩人阿米杜丁、阿米爾·霍斯盧、舍赫·齊亞烏丁·納赫夏比；16 世紀的詩人巴布爾、拜拉姆·汗、克札里·麥什哈迪、卡西姆·卡希、費濟；17 世紀的詩人努魯丁·朱胡里、塔里布·阿姆利，作家穆赫辛·法尼、拉達·舒古赫；18 世紀的作家阿米爾·阿里舍爾·伽尼、阿爾祖·汗和抒情詩人米爾札·迦利布；19 世紀後期 20 世紀初期，巴基斯坦著名的詩人兼哲學家阿拉瑪·穆罕默德·伊克巴爾。

　　代表巴基斯坦波斯語文學成就的作品有哈吉維里的《奧秘真諦》、奧斯曼·穆赫塔里的《帝王本紀》、阿米杜丁的《劍與筆》和《獄中詩抄》、阿米爾·霍斯盧的《五詩集》，舍赫·齊亞烏丁·納赫夏比的《鸚鵡傳》、穆赫辛·法尼的《酒家》、《影響的根源》、《愛撫與哀求》和《七星座》、拉達·舒古赫的《甘醇集》、阿米爾·阿里舍爾·伽尼的《春天的花園》、阿爾祖·汗的《珍品集》、米爾紮·迦利布的《詩全集》和《散文全集》以及阿拉瑪·穆罕默德·伊克巴爾的《東方的信息》、《永生集》、《自我的奧秘》、《給旁遮普農民》等。

　　巴基斯坦建國後，波斯語文學漸趨衰落，但它為巴基斯坦烏爾都語文學的發展奠定了基礎。歷史上，由於次大陸在將近 600 年的時間

裡一直處於中亞的統治之下，波斯語一直是官方語言，因此，波斯語文學及其神秘主義思潮的影響幾乎涉及到巴基斯坦的各種語言文學，各種語言文學幾乎都始於波斯語詩歌。詩人們在內容和形式上都明顯地模仿波斯語詩歌。各種詩歌中，多採用明喻、暗喻，辭藻華麗、想像力豐富，甚至直接採用波斯語的大量詞彙。波斯語文學對各種語言文學的影響大小不等，但，沒有一種語言文學不受其影響。

二、烏爾都語文學

烏爾都語文學起源於古波斯文學，始於 12–13 世紀，阿米爾·霍斯盧 (1253–1325) 是第一位烏爾都語詩人，他首先運用半波斯語半烏爾都語的混合語寫詩，其代表作有《哈里格·巴里》詩集。而烏爾都語文學在 15 世紀的德干得到了真正的發展。這一時期，波斯語的雙行詩、四行詩以及敘事詩、哀輓詩、頌詩被廣泛運用於烏爾都語中。16–17世紀，烏爾都語文學有了長足發展，這一時期的代表人物和代表作有穆罕默德·古里·古特卜·夏赫的《古特卜·夏赫詩集》、易卜拉欣·阿迪爾·夏赫 (1580–1627 年) 的《九歌》、穆罕默德·瓦里 (1668–1744年) 的《瓦里詩集》。穆罕默德·瓦里是德干後期的著名詩人，被譽為烏爾都語詩歌的奠基人。他的詩歌作品對後來興起的德里詩派產生了很大的影響。18–19 世紀，烏爾都語文學的中心轉移到印度北部。這一時期的重要詩人有夏赫·阿布魯·西拉傑·烏德丁·阿爾祖、夏赫·哈迪姆、米爾·特基·米爾 (1722–1810 年) 以及米爾·阿門及其代表作《花園的春天》(1803 年)。米爾·特基·米爾被譽為烏爾都語最偉大的抒情詩人，有烏爾都語「詩聖」之稱。此外，還有現代烏爾都語文學奠基人賽義德·艾哈邁德·汗 (1818–1898 年)、哈利、艾哈邁德·納茲爾等。

19 世紀散文體寫作始於富特·威廉姆學院。該學院翻譯、改寫了大量的梵文古典文學、波斯文學作品。米爾·阿門把波斯語傳說故事《四個乞食僧》改寫成流傳至今的傳說故事《花園的春天》。隨著蒙兀

兒王朝的衰落，德里再度混亂不堪，德里詩派也走向沒落。詩人們紛紛湧向勒克瑙。19 世紀初烏爾都語文學的中心又回到了德里，並出現了繁榮的景象，產生了米爾札‧迦利布（1796–1869 年）、毛門‧汗‧毛門（1800–1851 年）等一批著名詩人。迦利布是其中最傑出的代表，他用波斯語和烏爾都語兩種語言寫作，是繼米爾‧特基‧米爾後最傑出的抒情詩大師，《迦利布書札》是他著名的作品。

1857 年民族大起義失敗後，烏爾都語文學進入改良主義的啟蒙時期。以賽義德‧艾哈邁德‧汗為代表的改良主義思想家掀起了改革社會、振興穆斯林民族的運動，以使穆斯林盡快擺脫日益衰敗的境地。為此，賽義德用西方的文學體裁撰寫了大量的文章。從此，烏爾都語中就流行西方文體。20 世紀以來烏爾都語文學發展迅速，出現了一大批烏爾都語文學藝術家。1930、40 年代，烏爾都語文學創作朝著現實主義方向發展，一大批進步文學作家脫穎而出，他們在作品中揭露殖民地社會的不合理現象，喚起下層人民為爭取自身的權利而奮戰。其主要代表人物有薩加德‧查希爾（1905–1973 年）、薩達特‧哈森‧曼杜（1912–1955 年）、費茲‧艾哈邁德‧費茲、馬赫杜姆‧莫希烏丁（1908–1969 年）、阿里‧薩爾達爾‧賈弗里、艾哈邁德‧納迪姆‧卡斯米。代表作品有費茲的《訴怨》、《風之手》、《獄中詩抄》、《壓在石下的手》，艾哈邁德‧納迪姆‧卡斯米的《忠誠的大地》、賈法爾‧塔希的《七個國家》等。特別值得一提的是著名小說家普列姆昌德。他是烏爾都語現實主義小說的先驅，創作了大量反映農民社會題材的作品，其代表作為長篇小說《戈丹》和《我的短篇小說》。

1947 年印巴分治以後，次大陸的形勢發生了重大變化，這時的烏爾都語文學作品創作基本分為兩個方面。第一方面，描繪印巴分治後，印度教徒和穆斯林之間相互殘殺，兩國人民遭受的蹂躪和痛苦。另一方面，由於巴基斯坦獨立後，國內各種矛盾漸趨尖銳，作為反映社會現實的文學，主要反映揭露社會的陰暗面。長篇小說中，女作家赫蒂嘉瑪斯都爾的《庭院》（1962 年）、肖格德‧西迪基的《真主的大地》

（1957 年）、阿布杜拉·哈桑的《悲哀時代》、賈米拉·哈西姆的《春天的尋覓》，以及拉斐亞·斐亞·艾哈邁德的《泡腳》，都獲得了巴基斯坦最高文學獎——阿達姆吉文學獎。

烏爾都語戲劇文學的第一部作品是阿瑪魯德的喜劇《英地拉舞會》，該劇創作於 1853 年。之後，阿鄂·赫西爾於 1897 年創作了短劇《魯斯達姆與塞赫拉布》。1932 年塞義德·伊姆達爾·阿里·達吉創作的《阿娜爾·格麗》被譽為烏爾都語戲劇文學的傑作。

三、旁遮普語文學

旁遮普語文學深受錫克教影響。旁遮普語文學初期的三大史詩《希爾—郎卡》、《瑟西—布努》、《索赫努—馬希瓦爾》為後期旁遮普語文學奠定了基礎。旁遮普語文學的代表人物有布萊·夏赫（1680–1758 年）、瓦里斯·夏赫（1735–1798 年）、穆罕默德·夏赫（1782–1862 年）、帕伊·維勒·辛赫（1872–1952 年）、特尼拉姆·賈德里克（1876–1954 年）、女作家阿默麗達·普里德姆（1919– 年）、納納格·辛赫（1897– 年）。代表作品有穆罕默德·夏赫的《錫克教徒與英國人交戰的傳說》，帕伊·維勒·辛赫的《美女》、《維傑·辛赫》、《巴巴·瑙特·辛赫》、《我的主人，你活吧》，特·賈德里克的《蓋薩爾花壇》、《第九世界》、《蘇菲樓》，納納格·辛赫的《白色的血》、《吃人者》、《兩劍一鞘》等。旁遮普語文學主要在旁遮普地區流行。

四、信德語文學

信德語文學經過數百年的發展，產生了一大批詩人、散文家、小說家。其主要代表人物有 16 世紀的迦吉·迦金和夏赫·阿布杜爾·格里穆、18 世紀的阿卜杜爾·拉蒂夫和散吉爾、薩米、19 世紀的米爾札和格合古·貝格以及 20 世紀的吉申金德·貝伯斯、赫利·迪勒吉爾、拉姆·本吉瓦尼、戈文德·帕蒂亞、海德爾伯克希·吉多伊、德亞拉姆·吉杜默爾、傑德默爾·伯勒斯拉姆和拉勒金德·阿默勒迪努默德

圖 17：拉合爾的大學　巴基斯坦的大學不只是培養民族意識的主要場所，也是培養未來政府官員的搖籃。

等。19–20 世紀信德語文學的主要代表作有貝格的《美》、《光輝》、伯里德默達斯的《奇遇》、貝伯斯的《可愛的獅子》和《恆河之波》、吉多伊的《控告》、《自由的民族》和《印度河的呼喚》、吉杜默爾的《心靈的鞭子》以及伯勒斯拉姆的《吉默爾鮑什的故事》等。

五、英語文學

除了巴基斯坦的民族文學以外，還有一個很重要的文學，即英語文學。巴基斯坦是個使用多種語言的國家。《1973 年巴基斯坦憲法》規定，烏爾都語為巴基斯坦伊斯蘭共和國國語；英語為官方語，政府文件、大部分學術文獻、重要官方和民間刊物，使用英語。英語在巴基斯坦的地位因此可見。造成這一現實的原因並不難理解，英語是英帝國強加於次大陸的，而且一直佔據最重要的地位。過去 150 多年一直教授英語，這就造成了一個傳統：即使是今天，英語仍舊是次大陸

的教育、行政和文化語言。人們把英語看得比民族和地區語言更重要。但是絕大多數的學生用烏爾都語來進行入學、大學求學（文科）、及學位考試。有越來越明顯的趨勢表示，理科平時考試和學士學位考試也採用烏爾都語。

　　上述情況為研究巴基斯坦年輕學生和英語的關係提供了相關背景。可以說，他們是懷著複雜的感情。絕大多數學生把學英語看成是一項任務，一項非常痛苦的任務，為此，一般的學生都感到不愉快。學生大部分時間都在學習外語，結果反其專業（比如經濟學、化學）的發展受到很大影響。而另外還存在一類學生，他們把學英語當成是理所當然的事，既不為此感到高興，也不為此而難受。這類學生中有人語言天賦很高，進入社會後，能取得很大的成功。但是，最快樂的一類卻是那些迷戀英語的學生。他們輕而易舉地學習英語，他們甚至為此而感到驕傲。通常，這類學生和巴基斯坦的社會和文化習俗格格不入。他們更容易接受西方的思維和生活方式。這一部分是由於其家庭背景，他們不像其他兩類學生那樣經歷過複雜的緊張和衝突。

　　巴基斯坦學生學習英語的困難根源於思想習慣和語言傳統。除了英語，烏爾都語是巴基斯坦人進行文化和創造活動的主要語言。很多巴基斯坦人把修辭、華麗的辭藻，甚至是新造的詞語看成是語言表現是否有力的標準。對這些文學風格的欣賞，在英語發展的不同階段，也有不同的標準。現在巴基斯坦人的父母和祖父母時代是把卡萊爾❶、佩特❷的作品當成現代英語的典範。當時，這些作家都還活著，有英國人在印度教授他們的作品。而現在巴基斯坦人研究的是蕭伯納、赫胥黎❸、羅

❶ Thomas Carlyle, 1795–1881，蘇格蘭散文作家和歷史學家，寫有《法國革命》、《論英雄、英雄崇拜和歷史上的英雄事蹟》等著作。

❷ Walter Horatio Pater, 1839–1894，英國文藝批評家、散文作家，主張「為藝術而藝術」，主要著作有《文藝復興史研究》和小說《伊壁鳩魯信徒馬利烏斯》等。

❸ Aldous Leonard Huxley, 1894–1963，美籍英國作家，T. H. Huxley 之孫，寫有詩歌、小說、劇本、文藝評論等，所寫小說被稱為「概念小說」。代表作為寓言體諷刺小說《勇敢的新世

界》、《針鋒相對》
等，移居美國
（1937 年）後作
品帶有神秘主義
色彩。

❹ Bertrand [Arthur William]
Russell, 1972–
1970, 英國哲學
家、數學家、邏
輯學家，分析哲
學主要創始人，
世界和平運動倡
導者，獲 1950 年
諾貝爾文學獎，
主要著作有《數
學原理》（與 A.
N. Whitehead 合
著）、《哲學問
題》、《數理哲學
導論》等。

素❹以及海明威。這些作家特別強調語言表達要準確、乾淨俐落、簡明扼要，因此，現在寫作特別強調準確。巴基斯坦人把這一標準運用到了其自身語言的創造和評論中。他們逐步達成了這樣的共識，即當初他們忽略了旁遮普語。旁遮普語的直白、活力完全有助於他們欣賞英語的簡潔明瞭和活力四射之美，英語的這一特點從喬叟時代就有了，儘管有人用英語寫過太過華麗的作品。

過去 150 多年間，印巴次大陸一直有用英語進行創作的傳統。代表性人物有「印度夜鶯」雷度 (Sarojini Naidu)，諾貝爾桂冠詩人泰戈爾 (Rabindra Nath Tagore)。泰戈爾在愛爾蘭詩人、劇作家 W. B. 葉芝的協助下，將自己的詩從孟加拉語譯成英語。傑出的散文家有莫拉那·穆罕默德·阿里·賈哈爾 (Maulana Muhammmad Ali Jauhar) 和龐地·賈瓦爾·納爾·尼赫魯 (Pundi Jawahar Lal Nehru)。他們充分挖掘了英語的潛力，用英語進行創作。小說家，如艾哈邁德·阿里 (Ahmed Ali) 和摩克·拉吉·阿南德 (Mulk Raj Anand) 也用英語進行了創作。雖然很多英語和其他歐洲語言的作品翻譯成了烏爾都語，但是，一些重要的詩歌作品也從烏爾都語和旁遮普語譯成了英語。

阿拉曼·伊克巴爾 (Allama Iqbal) 的作品由著名學者，如尼克爾森教授、阿貝里教授譯成了英語。卡布里 (Ghalib) 的作品只有一部分譯成了英語，這主要是因為他的作品非常講究格式。另外，巴基斯坦翻譯工作者也把一些現代烏爾都語詩歌譯成了英語。但是，由於翻譯質量問題，迴響不大。翻譯需要有對兩種語言的把握，還需要對它們的語調和韻律特徵非常敏感。首先，這兩

種語言的韻律體系是完全不同的。其次，翻譯早期作品就完全需要研究性的工作。翻譯工作者必須創造性的使用新的成語、句子結構和表現風格。

巴基斯坦用英語進行創造的傳統仍在繼續，像托非克・里法 (Tau-fiq Riffat) 和阿拉米爾・哈西米 (Alamgir Hashmi) 這樣的詩人已出版了詩集，其中有些登載在報刊雜誌上，讀起來別有韻味。有的很好，甚至非常好，但有的卻很糟，有的詩只顧詩體節奏而不顧自然節奏。巴基斯坦人也在進行短篇及長篇小說的創作。巴什・西德瓦 (Bapsi Sidhwa) 也寫了兩部小說，但是從殖民者的角度寫的。雖然他是抱著一種同情的態度，但他的寫作是遵循吉卜林（Joseph Rudyard Kipling, 1865–1936，英國小說家、詩人，作品表現英帝國主義的擴張精神，有「帝國主義詩人」之稱，著名作品有《叢林故事》，長篇小說《吉姆》、詩歌《軍營歌謠》等，獲 1907 年諾貝爾文學獎。），甚至是福斯特 (E. M. Foster)《通往印度的道路》(*A Passage to India*) 的傳統。薩爾曼・魯西迪（Salman Rushdie, 1947– ，英國作家，出生於印度孟買，作品有長篇小說《子夜群嬰》等，其長篇小說《魔鬼詩篇》激起穆斯林世界義憤及一系列外交糾紛，並使他招致暗殺威脅）也是如此。當然魯西迪對英語的把握是非常嫻熟的，他是個天生的小說家，他能在差不多 600 頁的書中講述完美的故事。這顯示了他對英語的句子結構有很好把握和他對故事結構的設計。但他的小說《恥辱》和《子夜群嬰》不是反映第三世界人民的精神風貌，這最終使他因《魔鬼詩篇》的出版而遇到很大麻煩。遇到的麻煩雖說不幸，但從銷售成績上看他卻很有收穫。

總之，對巴基斯坦人來說，除了自己的母語，英語無疑是他們可以使用的複雜而優美的文學創作媒介。無論是文學創作還是翻譯，語言使用的艱辛，全世界都如此，而語言工作是建立文化聯繫的一個可靠手段。通過這一工作，巴基斯坦向世界宣傳的同時也豐富了自己的文化。巴基斯坦一些學者和作家對英語文學學術和批評，作出了自己

的貢獻。如剛才提到的希迪克‧卡里穆，出版了兩本這方面的著作：
《社會孤兒：雪萊與奧門茲》及《聖人的住房：葉芝通往雪萊之路》。
這兩本書贏得了西方學者和批評家的好評，而且被引用。另外，他們
還進行了研究，寫了一些批評文章。從大的方面來說，這為兩種文化
的交流架起了一座橋樑。

第四章
巴基斯坦的宗教與民俗

第一節　濃厚的伊斯蘭教色彩

　　巴基斯坦 96% 的居民信奉伊斯蘭教，將伊斯蘭教奉為國教。《巴基斯坦伊斯蘭共和國憲法》規定，經訓是國家立法的主要根據，任何法律應符合伊斯蘭教教義精神；國家總統必須是穆斯林。根據 1998 年3 月巴基斯坦第五次全國人口普查數據，巴基斯坦 1.3058 億人口中，有 1.2536 億人口為穆斯林，穆斯林佔總人口的 96%。其中，素尼派穆斯林佔 90%，以遵奉哈乃斐學派教法為主。素尼派中，有一部分信徒屬於阿赫默底亞派。什葉派穆斯林佔 10% 弱，以十二伊瑪目派為多數，伊斯瑪儀派信徒居少數。

　　巴基斯坦國內現有 400 萬阿赫默迪亞派信徒，在該派較為集中的地區經常發生教派衝突。1889 年 3 月 4 日，米爾札・庫拉姆・阿赫默德（1836–1908 年）在印度旁遮普省的卡迪安村正式創立阿赫默迪亞派。阿赫默德宣稱，他接獲阿拉的「啟示」；他自命為印度教主神之一的黑天、基督教信奉的上帝之子耶穌和馬赫迪的化身，同時，他還是先知穆罕默德的再世。該派既堅持伊斯蘭教傳統，號召穆斯林個人的

虔誠信仰生活，信仰《可蘭經》詞彙下的真正伊斯蘭教，又強調伊斯蘭教在實際生活中的應用，在社會生活各個領域中重建源自《可蘭經》和《遜奈》的真正價值，以順應時代的發展。但是，長期以來，阿赫默迪亞派一直被視為「異端」。印巴分治後，該派宗教中心遷入巴基斯坦的拉布瓦。由於教派間的衝突不斷，1974 年 2 月，巴謀求伊斯蘭國際的支持，在拉合爾舉行的伊斯蘭會議組織第二次首領會議上通過決議，譴責阿赫默迪亞派為非穆斯林；同時，巴國民議會也通過決議，正式取締阿赫默迪亞派。該派成員為爭取教派的合法地位和自身的穆斯林合法身分，進而與他派穆斯林發生教派衝突。1984 年，齊亞・哈克政府再次宣佈該派信徒為非穆斯林，禁止他們使用伊斯蘭教的專有詞彙（如清真寺）。1989 年，伊斯蘭世界聯盟通知各地區的伊斯蘭協會或伊斯蘭中心，宣佈阿赫默迪亞派所譯的《可蘭經》是懷有惡意的，應予抵制。但阿赫默迪亞派仍自認為信仰的是伊斯蘭教，自身是穆斯林，在巴國內仍積極從事宣教活動。巴國內教派衝突仍未停止。

巴基斯坦建國後，伊斯蘭教在國家中的地位和作用，不斷加強；各屆政府推行的伊斯蘭化政策，為伊斯蘭復興推波助瀾，從而使巴基斯坦成為伊斯蘭復興的一個重要中心。1949 年 3 月，巴基斯坦制憲議會通過的〈建國目標決議案〉規定：主權屬於真主，由人民選舉的代表行使；巴基斯坦應是一個建立在公正、平等和寬容的伊斯蘭原則上的聯邦共和國；穆斯林應按《可蘭經》的教導生活。1953 年，在旁遮普的反阿赫默迪亞騷亂發生後，烏里瑪和伊斯蘭促進會等伊斯蘭政黨要求頒佈一部伊斯蘭化的憲法。議會為此專門組成一個委員會，研究伊斯蘭教教義與新憲法的關係問題。經過 3 年努力，1956 年 3 月 23 日，巴正式頒佈《巴基斯坦伊斯蘭共和國憲法》。該憲法宣佈巴基斯坦為伊斯蘭共和國，實行議會制政府。憲法指出，人民的權利是真主賜予的。第 197 條規定：「總統將建立一個伊斯蘭研究和教育機構，進行深入研究，以便在真正的伊斯蘭教基礎上，幫助重建穆斯林社會。」第 198 條規定：「將來通過的任何法律不得與《可蘭經》和《遜奈》中的

教諭相矛盾；現存法律將得到修改，以與這些訓諭保持一致。」憲法第
29 條雖規定「國家將嘗試盡早地取消利息」，但是，憲法並未提出具
體措施來做到這一點。從嚴格意義上講，巴基斯坦尚未發展成為「伊
斯蘭國家」。1962 年 6 月，巴基斯坦頒佈了第二部憲法。該憲法被稱
為《阿尤布‧汗憲法》。阿尤布‧汗希望通過該憲法，加強中央集權，
使總統制合法化，並對伊斯蘭教建立起支配權。該憲法取消了國名中
「伊斯蘭」一詞，並刪去了有關法律必須與《可蘭經》和《遜奈》保
持一致的條文。但是，由於烏里瑪和穆斯林公眾的壓力，1963 年政府
對《1962 年憲法》作了修改。在國名中加上「伊斯蘭」一詞，並正式
授權伊斯蘭意識形態委員會研究使現存法律與《可蘭經》和《遜奈》
中的教諭保持一致的問題；同時授權伊斯蘭研究院研究伊斯蘭教在現
代巴基斯坦國家中的地位等問題。憲法第 199 條規定要保證和鼓勵巴
基斯坦穆斯林生活與伊斯蘭教信條保持一致。

　　1973 年 4 月，巴基斯坦頒佈第三部憲法。該憲法又被稱為《布托

圖 18：巴基斯坦對伊斯蘭教的信仰已融入生活之中，圖為白沙瓦地
區的居民正在慶祝伊斯蘭節日。

憲法》。在制定新憲法時，布托對烏里瑪等伊斯蘭教勢力作出了讓步。布托主張伊斯蘭社會主義，但他又提出了「伊斯蘭教是我們的信仰，民主是我們的政策」的口號，表明他更主要是一位世俗主義者。新憲法第一稿中有伊斯蘭社會主義條文，烏里瑪和所有的伊斯蘭政黨，包括毛杜迪的伊斯蘭促進會，強烈反對這種提法。布托只得讓步。所以，《布托憲法》規定巴基斯坦是伊斯蘭教所主張的社會主義基礎上的民主制國家。憲法明確提出，只有穆斯林才能擔任國家的最高領導職務。新憲法還明確宣佈伊斯蘭教為國教。與以前兩部憲法相比，它增加了更多關於保證法律和公民權與《可蘭經》、《遜奈》相一致的條款。更為重要的是，《布托憲法》限制了國家的立法權，因為憲法規定：「整個宇宙的最高權力只是屬於全能的真主。巴基斯坦人民在真主所規定的範圍內行使權力是一種神聖的職責。」新憲法不僅授予伊斯蘭意識形態委員會有宗教解釋權，而且允許它提交一份如何履行伊斯蘭教諭的建議報告；授權它提出各種建議，以便使現存法律與《沙里亞法》保持一致。關於取消利息和徵收天課，新憲法與以前兩部憲法一樣，對於何時和怎樣做，未作具體規定，僅僅表示將努力達到這一目的。總之，《布托憲法》比以前兩部憲法包括了更多的伊斯蘭條文。在布托及齊亞·哈克執政時期，伊斯蘭教在國家政治中的地位被提高到前所未有的高度。

在布托的伊斯蘭社會主義思想中，首先突出伊斯蘭教和巴基斯坦國家的關係。布托多次談及「伊斯蘭教是我們的宗教。巴基斯坦的出現是因為我們都是穆斯林」，「我們必須向伊斯蘭奉獻一切……，如果你們想為伊斯蘭教、巴基斯坦服務，那麼，你們必須侍奉你們的主、你們的先知和你們的國家」。「我們首先是穆斯林，其次才是巴基斯坦人」。「我們不僅喜歡伊斯蘭教，而且熱愛伊斯蘭教」。其次是強調伊斯蘭教中的平等觀念。布托認為，「伊斯蘭教特別強調平等」，「在巴基斯坦，我們看不見平等。我們將建立平等」。「我們首要的原則是伊斯蘭教是我們的宗教……，在伊斯蘭教中，社會經濟平等居於最優先的地

位。先知強調社會經濟平等的重要性。我們必將完成這一任務」。1970
年人民黨提出的選舉宣言中，布托宣佈他的黨的最高目標是建立無階
級社會，從而在巴基斯坦實現真正平等，因為這一信念深植於伊斯蘭
教的社會經濟和政治哲學中。布托認為，人民黨的唯一出路是實現伊
斯蘭教信念中這一崇高理想。布托在一次會議中說：「伊斯蘭教是社會
平等的最強有力的擁護者，我們黨將建立這種平等。」總之，在巴基斯
坦，只有建立社會平等，才能消除貧窮和飢餓。第三，布托提出向封
建主義和資本主義發動聖戰，以反對剝削和不公正。在布托看來，巴
基斯坦存在的矛盾和衝突，不在穆斯林之間，而在剝削者與被剝削者，
在壓迫者與被壓迫者之間。只有使巴基斯坦人獲得工作、食物、住房
和學校、醫院，才能與《可蘭經》和《遜奈》中的教諭保持一致。第
四，布托在對外政策中，提出要對帝國主義、殖民主義和新殖民主義
發動聖戰，並且表示要率領巴基斯坦廣大穆斯林對印度發動聖戰。在
1977 年選舉中，面對反對黨的攻勢，布托將伊斯蘭社會主義改為伊斯
蘭平均主義，並表示將繼續強化伊斯蘭教在國家中的地位和作用。

　　布托思想中突出伊斯蘭教的作用。在布托治國實踐中，除在憲法
中增加伊斯蘭條文外，還採取一系列伊斯蘭化措施，從而使巴基斯坦
更具伊斯蘭特徵。布托支持議會通過一項法案，宣佈阿赫默迪亞派為
非穆斯林社團。將紅十字改為紅色彎月，這一舉動象徵著巴基斯坦人
道主義組織伊斯蘭化。在全巴高級旅社的每一客房中，放置一本《可
蘭經》；在政府中正式建立宗教事務部；在學校增設宗教課目；在廣播
電視節目中增加宗教和阿拉伯語節目；資助召開紀念先知穆罕默德的
國際會議；取消對到麥加朝觀的各類限制，並為朝觀者提供船隻和飛
機；邀請麥地那和麥加的伊瑪目到巴基斯坦佈道；整修在巴基斯坦的
聖徒陵墓。在 1977 年選舉大獲全勝後，布托立即發佈了一系列伊斯蘭
化的措施：在全國範圍內禁酒，關閉所有酒吧和酒店；駐國外使館舉
行招待會時，不得提供酒類飲料；禁止所有賭博行為，關閉夜總會。
在 6 個月內完成巴基斯坦民法、刑法的伊斯蘭化；授權伊斯蘭意識形

態委員會審查和介紹伊斯蘭政黨。布托的伊斯蘭化政策，在全國範圍內助長了伊斯蘭復興運動。

布托利用相同的宗教和相似的文化，廣泛開展對穆斯林國的外交活動。上臺伊始，布托遍訪 20 多個西北非國家，他將這些外交活動稱為「在兄弟之間的旅行」。布托採取一系列措施，加強與中東穆斯林國家的政治、經濟、軍事和文化合作。布托認為基督教、猶太教和印度教世界都擁有核武器，只有伊斯蘭世界還沒有。布托說服阿拉伯國家，使它們相信，只有伊斯蘭世界擁有核武力量，方能避免以色列的核打擊和阻止以色列對阿拉伯領土的蠶食。

從 1977 年 7 月 5 日至 1988 年 8 月 17 日，齊亞‧哈克執政，他在巴基斯坦發動了全面伊斯蘭化運動。齊亞‧哈克是一個虔誠的穆斯林，他認為巴基斯坦不應僅僅是一個穆斯林國家，而且應該是一個真正的伊斯蘭國家。他自認為是被全能的真主選中來完成巴基斯坦伊斯蘭化的人。1977 年 7 月 5 日，齊亞‧哈克在廣播電視講話中宣佈，巴基斯坦是「在伊斯蘭教的名義下創建的」，今後，只有尊奉伊斯蘭教，才能使國家復興。齊亞‧哈克採納了毛杜迪關於伊斯蘭國家的建國設想，在全國開展了伊斯蘭化運動。

一、巴基斯坦法律的伊斯蘭化

1978 年 12 月，齊亞‧哈克宣佈在伊斯蘭教的基礎上建立司法制度。他成立了一個常設法律委員會，簡化司法體系，並著手使現存法律與伊斯蘭教諭保持一致的工作，其最終目的是使《沙里亞法》成為巴基斯坦法律的基礎。1979 年 2 月，齊亞‧哈克宣佈建立特別的沙里亞法庭和宗教法庭，以此作為現有法院的補充。沙里亞法庭是最高法庭的一部分，它可以宣佈某種法律全部或部分與伊斯蘭原則不一致而將其廢除。這是巴基斯坦使《沙里亞法》高於從英國承繼來的世俗法的重要舉措。1979 年 2 月 10 日，哈克在穆罕默德生日這天，宣佈在巴基斯坦建立新的伊斯蘭法律體系。「今天，我正式宣佈在國家中引入

伊斯蘭體系」。「願真主保佑」。1988 年 6 月，哈克宣佈《沙里亞法》為全國最高法律，標誌著巴基斯坦法律伊斯蘭化的完成。

二、巴基斯坦政治的伊斯蘭化

1977 年 9 月 1 日，增補好幾位伊斯蘭基本教義派分子為伊斯蘭意識形態委員會成員，並賦予該委員會更大的權力。伊斯蘭意識形態委員會制定實施伊斯蘭化的計劃，提出使現存法律與《可蘭經》、《遜奈》保持一致的建議。該委員會成為制定巴基斯坦伊斯蘭化運動的政策實體。它提出建立伊斯蘭刑法、天課、什一稅和無息銀行制度的具體步驟。哈克還強化宗教事務部和其他機構的宗教職能。齊亞·哈克利用伊斯蘭教為自己的選舉服務。在 1984 年 12 月 19 日的投票中，選舉人只能在是否支持齊亞·哈克總統使巴基斯坦伊斯蘭化之間作出選擇。如果是，就意味著支持齊亞·哈克繼續擔任總統，如果不是，則意味著可能被看成是巴基斯坦的敵人。結果，齊亞·哈克獲得 97.7% 的選票，當選為巴基斯坦總統。1988 年 5 月 29 日，齊亞·哈克總統解除居內久的總理職務時，其中一個重要原因就是總統認為居內久未能使巴基斯坦以《沙里亞法》為其法律基礎。事實說明，齊亞·哈克把伊斯蘭教當成其統治和獲取政權的重要工具。

三、巴基斯坦經濟的伊斯蘭化

經濟的伊斯蘭化，主要體現在兩個方面：徵收天課和什一稅；取消所有銀行中的利息。1980 年 6 月，巴基斯坦正式徵收天課和什一稅。1983 年，政府對部分農產品徵收什一稅，稅率佔產量的 5%。設立天課基金，中央天課基金會統一管理全國各地的天課基金。地方天課基金會由 8 名成員組成，其中 7 名由當地穆斯林選舉產生。基金會向當地窮人支付該基金。沙烏地阿拉伯提供專款，資助巴基斯坦天課基金會。1982 年，全國天課基金有 8.15 億盧比（佔國民生產總值的 0.2%），其中有 40% 分配給窮人。天課基金制的建立深受全國人民歡迎。1978

年 11 月，由經濟學家和銀行家組成委員會，專門研究利率問題。1979
年 7 月，在三個國家投資機構中，免除利息。向漁民和農民提供無息
貸款。1981 年 1 月，在國有銀行中開設無息存款帳戶。從 1985 年 4 月
開始，在銀行強制實行《伊斯蘭法》。此外，根據《沙里亞法》，齊亞·
哈克對中小型工業企業實行非國有化政策。

四、巴基斯坦社會文化的伊斯蘭化

為了與伊斯蘭教諭保持一致，政府加強電影電視的審查。新聞傳
媒必須嚴格遵守伊斯蘭教的道德倫理規範；婦女必須穿民族服飾，齊
亞·哈克本人帶頭巾，穿南亞穆斯林傳統服裝；在學校和廣播電視中，
增設阿拉伯語和宗教內容；取消全國各城市街道和建築物上的英文名
字，用穆斯林英雄命名；在齋月，所有穆斯林都必須封齋；禮拜時，
停止政府的一切公務活動；廣播電視在朝覲期間，連續播放朝覲活動。

從伊斯蘭教與巴基斯坦政治發展的關係來看，伊斯蘭教在巴政治
中的地位逐步提高。從 1940 年代末到 1980 年代末的 40 年發展中，巴
基斯坦從一個穆斯林國家發展成為一個伊斯蘭國家，從一個伊斯蘭教
的地位未得到明確界定的國家發展成為一個明確宣佈伊斯蘭教為國教
的國家，從一個伊斯蘭色彩不十分濃的國家發展成為一個明確宣佈政
治、法律、經濟、社會文化全面伊斯蘭化的國家。

巴基斯坦除國教伊斯蘭教外，還存在印度教、基督教、祆教和佛
教，但這些宗教的教徒數量很少，僅佔全國人口的 4%。

第二節　民俗文化

一、服飾

巴基斯坦的傳統服飾比較保守，婦女從頭到腳都裹得比較嚴實，
通常由三件套組成，一條長長的沙麗先在頭上裹，然後從肩頭披過後

達至將近腳的位置；一件長袖、長至膝蓋以下、兩邊開口的連衣裙，還有一條腳踝處收得緊緊的褲子。沙麗是南亞伊斯蘭婦女服飾的代表，其質地有純棉、純毛、羊絨和混紡等，花色品種多種多樣。季節不同，婦女所著沙麗厚薄各異。顏色一般較厚重。

另外，首飾在巴基斯坦婦女著裝上，也起著非常重要的作用。巴基斯坦婦女幾乎都佩帶得體的首飾。在長長的沙麗的映襯下，這些首飾顯得格外奪目。從某種程度上看，她們在服飾上的傳統與她們在首飾上的時尚、新穎，形成了鮮明的反差。與巴基斯坦婦女服裝的顏色不同，她們的首飾一般都非常時尚，且富麗堂皇。所佩帶的首飾一般都是成套的：耳環、鼻飾、項鍊、戒指，甚至還有腳環等。由於是成套設計的，無論是在款式還是顏色上都相互呼應，而且與她們的服飾渾然一體。

圖 19：巴基斯坦傳統婦女服飾

二、飲食

巴基斯坦的食物類似於印度，綜合了印度北部和中東的口味，任何形式的肉或炒飯都添加大量的香料。肉類為牛、羊肉、雞、魚等，禁食任何形式的豬肉。宰殺時必須按照教法規定誦「真主至大」，並以斷喉法宰殺。動物的血和自死物均禁止食用。不許喝任何含酒精的飲料，違禁者會受到伊斯蘭教規的嚴懲。

巴基斯坦人的主食為麵食和大米，尤其喜歡粗麵烙餅。巴基斯坦的大米品質優良，做成的抓飯是婚禮和待客的主要食物。巴基斯坦的菜餚大量使用桂皮、小茴香、安息茴香、八角茴香、胡椒、番紅花、丁香、薑黃等多種香料，或使用各種咖哩粉，故有一種獨特的濃烈香味。巴基斯坦人嗜食辛辣，各種菜餚均放入大量乾辣椒。他們還喜食各種油煎、油炸食品。喜歡生食蔬菜，蔬菜煮熟時則做成菜泥。蔬菜中各種豆類都很受歡迎，消費量很大。巴基斯坦的甜食種類很多，在求婚、訂婚、結婚時，男女雙方都要分發和饋贈大量的甜食。男方登門求婚時，女方是否接受男方贈送的甜食是判斷女方是否同意求婚的標誌。一種以細麵條加酥油、糖、乾果做的甜食是開齋節的專門食品。巴基斯坦人喜歡牛奶、酸奶、奶茶。有一種名叫克什米爾茶的奶茶很有特色，顏色呈玫瑰色，摻有研碎的阿月渾子和巴丹杏。由於天氣炎熱，巴基斯坦人喜歡喝涼水和冰水，吃飯時往往喝涼水。

三、宗教習俗

巴基斯坦穆斯林的禮拜習俗特別濃厚。伊斯蘭教是巴基斯坦的國教，全國約 96% 的居民信仰此教。隨著社會的發展，人們的生活和思想都發生了巨大變化，但教徒們仍保持著禮拜的習俗。按教規，教徒每天要禮拜五次，分別稱為晨禮、晌禮、晡禮、昏禮和宵禮。此外，每星期五午後在清真寺舉行一次聚禮，每年開齋節和宰牲節舉行兩次大的會禮。禮拜前，禮拜者必須沐浴淨身。淨身分大淨和小淨：大淨

圖 20：喀拉蚩郊區的大眾茶房　茶房是巴基斯坦居民很重要的社交活動場所。

指洗全身；小淨指洗手、洗臉、洗肘、漱口、洗鼻孔、用濕手摸頭和沖洗雙腳。用水洗為水淨，在缺水或在患病的情況下，可不用水洗，以潔淨的土、沙、石、磚等物代替。方法是，用雙手在代替物上拍拍，然後摸摸臉，再拍拍，抹雙手至肘。禮拜一般要到清真寺由伊瑪目率領集體舉行。如果到了禮拜時間，附近沒有清真寺，可就地單獨禮拜。禮拜時，禮拜者要衣著整潔，頭戴白布帽，面向麥加方向站立，舉兩手於頭的兩旁，誦「真主至大」，做端立、鞠躬、讚頌、叩首、跪坐等動作。禮拜結束後，禮拜者互道「撒拉姆」（意為和平、平安），然後一一離去。

四、婚喪嫁娶

在巴基斯坦，婦女經常是包著頭，只露出眼睛。而在婚禮上，客人則是可以零距離的完完全全地欣賞新娘最美的時候。婚禮的最大看點是新娘那滿身金光閃閃的首飾，鼻子上大大的環，而對於巴基斯坦

的新娘，最值得關注的是她們手上的「希娜」。「希娜」是南亞婦女扮美手足的一個古老傳統。聞名於世的「希娜」，是以獨特的色料和靈巧的繪畫手法，在婦女的手掌及足部繪出色彩斑斕、形象各異的圖案，從而使婦女在舉手投足之間平添幾分美感。這一習俗盛行千年而不衰，至今仍為南亞婦女所鍾愛。在巴基斯坦，新娘總要費盡心思，將自己的手掌和足部用「希娜」妝點之後，再配上盛裝，而後才出現在親戚朋友面前。多少年來，沒有一位新娘不遵循此道。而欣賞新娘便成了參加婚禮的親友必不可少的節目。原先「希娜」僅局限在手足部分，現在則擴展到手臂、裸露的背部等身體部位。

巴基斯坦的新郎亦是一大看點，原因在於他的婚禮背心。在巴基斯坦，背心是民族禮俗的一部分，對整個民族有象徵性的意義。直到今天，巴基斯坦人結婚的時候，仍然會穿上一件婚禮背心。背心看起來華麗而莊重，領子是以金質細帶編成，前襟以隱藏式鈕扣扣合，邊緣則用金色編帶、鏡片和穗子做精巧的裝飾。1960 年代，時尚界還刮起過一陣民俗風潮，此類民族風格非常濃厚的服裝還躍上了伸展臺。

巴基斯坦通行族內婚姻和近親婚姻慣例，即堂兄妹、表兄妹之間通婚。隨著社會發展，在大城市，這種婚俗已經被打破，但是，在農村地區，這種古老的習俗仍然存在。巴基斯坦婚禮別具一格，城裡人舉行婚禮當天，新郎和新娘各居一室，新娘的房間只許女賓入內，新郎的房間則是清一色的男士；婚宴也是分開舉行，不容混雜。新娘打扮得花枝招展，往往身披繡著金花的大紅錦緞，一條寶石的金鏈從頭直垂到額前，鼻子左側裝飾著一塊翡翠，滿身珠光寶氣，粉頸低垂，羞羞答答。在南部信德省，婚禮更別具一格。在歡聲笑語中，一位男性長者立於新郎和新娘前面，兩手分別摸著兩位新人的頭，讓他們相碰 7 次，預祝他們喜得 7 個貴子。

在巴基斯坦，許多人認為，未婚妻應該由自己的父母幫忙找，因為，未來的妻子要和自己的父母相處和睦。因此，許多年輕人在結婚前，還沒有見過自己未來妻子的面。而且，由於巴基斯坦實行男女分

圖 21：巴基斯坦婚禮中的新郎與新娘

校制，青年男女很難有較多的接觸，所以，只好讓自己的父母代勞。這種由父母雙方包辦的婚姻，被稱為「安排式的婚姻」。當兒女到了結婚年齡，父母就要為子女物色對象，男方父母派人瞭解對方情況，如果對方同意，男方父母便向女方求婚，待女方同意後，雙方商定訂婚日期。訂婚通常在女方家裡舉行，男方帶著戒指、首飾和衣物前往。訂婚儀式上，先由男方母親給女方戴上戒指，然後由女方母親給男方戴上戒指。訂婚後，雙方來往增多，每逢節日，彼此贈送禮物，但未婚夫婦不能見面。結婚一般在訂婚後的一年或一年半之後，婚前要舉行各種煩瑣的儀式，即「芒恰儀式」和「邁哈迪儀式」。

「芒恰儀式」一般在婚前三四天舉行，屆時，女方由新娘的女性友人和親戚中的婦女參加；男方的婦女和新娘送來黃色衣服、甜食、手鐲和一種叫作烏勃登的黃色香膏。由幾名有夫之婦把香膏塗在新娘的身上，其目的據說是可以使新娘的皮膚變得柔嫩。新娘塗膏後不能出門，也不能見太陽，直到結婚的前一天才能洗掉。這種香膏是黃色

的，容易弄髒衣服，所以姑娘的衣服、被褥都是黃色的。現在，城裡人多數只是象徵性地在頭上和手心上塗點油。

「邁哈迪儀式」於結婚前兩天在男女雙方家裡舉行。邁哈迪是一種植物，其葉汁呈棕黃色。這一儀式一般在傍晚舉行，男方大隊人馬趕到女方家，領路的是幾位年輕的婦女和姑娘，每人手托一盤，上面放著搗好的邁哈迪，並裝飾有茉莉花或紙花，周圍插上點好的蠟燭。來到新娘家後，先是在院子裡載歌載舞。新娘出來，新郎的母親往她嘴裡放一塊名叫「勒杜」的珠狀甜食，並給一定的賞錢。而後，新娘回到房間，用邁哈迪紋手。當晚或次日晚，再由女方家人去男方家舉行同樣的儀式。舉行儀式時，男女雙方家裡都要張燈結綵，歡歌跳舞，宴請賓客直到深夜。邁哈迪結束的次日，在女方家舉行正式的婚禮。這天早上，新郎穿上女方送的結婚禮服，由長輩戴上圍有花環的金絲帽和花環，長輩和其他親友還贈送喜錢表示祝賀。然後，帶上衣物、首飾、化妝品等彩禮和許多甜食，坐上彩車或者騎馬去新娘家迎親。到新娘家，男女賓客分兩處，婚禮開始時，伊斯蘭法官和證婚人就事先填好的婚約內容向新郎發問三次，新郎回答三次「同意」，並在一式四份的婚約上簽字，然後證婚人持婚約讓新娘簽字。接著是伊斯蘭法官或家族中的長輩致辭祝賀。儀式完畢後，女方設宴大請賓客，宴後展示嫁妝，最後由新郎帶著新娘，在《可蘭經》的引導下，坐上彩車或花轎回家，出發時新娘家往彩車上撒硬幣、紙幣、鮮花瓣和金銀色紙屑。當新娘上車時，她的母親、姐妹和女友，便一個一個走過來與她吻別，並要依依不捨地痛哭一陣。娘家人哭是高興，新娘哭是表示對娘家的眷戀。新娘來到婆家後，要由婆婆或其他長輩婦女揭開蓋頭，揭蓋頭時長輩必須給新娘禮錢。

在巴基斯坦城市，有專門的婚禮樓，專供青年男女結婚之用。在婚禮期間，晚上七八點時，新娘和新郎以及來賓便湧入婚禮樓。新娘身穿盛裝，頭上蓋著透明紗巾與新郎並肩坐在禮堂的舞臺上，下面是客人。來賓們一個個走上前去或祝賀、或祈禱祝福。隨後舉行雞尾酒

圖 22：邁哈迪儀式

會，場面熱烈，一直持續到深夜。另外有些地方，新婚夫婦在婚禮上要喝同一杯結髮酒，然後用力將酒杯摔碎。隨著一陣清脆的碎裂聲，客人隨即歡呼「祝你們幸福！」杯子的碎片不能復合，象徵夫妻永不分離。碎片越小，意味著夫婦的生活越美好。雙方父母揀起兩塊碎片，笑容滿面地贈送給自己的兒女。有些人一直把碎片珍藏到自己的伴侶去世，才把碎片放在死者的眼上，以示哀悼和懷念。婚後次日，男方大設宴席答謝親朋好友。第二天新娘家人接新娘回去住數日。數日後，親戚們輪流宴請新婚夫婦，饋贈禮物。這一活動要持續半月至一月之久。

　　巴基斯坦四大民族之間的婚俗，有一定差別。信德人的婚事需要首先得到家族中的長者或部落首領的同意，然後，男方家中的婦女才可以去女家提親，女方父母送給提親者白糖，就證明女方同意結親。訂婚時，雙方的母親為新人戴上戒指，並互送衣服、手絹等禮物。之後，更重要的一個程序是由男方親友中一位有夫之婦用金銀針給新娘扎鼻飾孔。這是信德人非常重要的儀式，因為有鼻飾孔的女子說明已經訂婚。訂婚後，每逢節日，雙方互送甜食和乾果、衣服等禮物。婚

禮儀式於 9 天前開始舉行，以鼓號為序，載歌載舞歡慶至正式婚禮。婚前第 7 天，男方家的婦女和姑娘去新娘家，為新娘舉行芒恰式。而後披戴紅色披肩的新娘一直待在家裡，不得外出，並派一名有夫之婦照料。婚禮儀式上，新娘不回答伊斯蘭法官的問話，而是由自己的母親代為回答。然後，新郎新娘對坐，連續碰三次頭，並舉行鏡中見面儀式。當天，新郎在新娘家過夜。第二天，新郎在新娘家宴請親朋好友。

巴基斯坦帕坦人通行族內通婚，因此，青年男女之間，彼此非常瞭解，不需要媒人牽線搭橋。男方父母相中一位姑娘後，直接登門拜訪，得到同意後，便散發喜糖，並高聲宣告三次，以示訂婚。一旦訂婚，男女雙方來往受到限制。直到婚前舉行芒恰式，男青年才能和女子見面，並且要想方設法剪掉姑娘一縷頭髮帶回，以示自豪。迎親隊伍分成男女兩隊。出發前，還要到伊斯蘭教長老和自己的祖墳為新郎祈禱祝福。然後，由民間藝人走在迎親隊伍前頭，吹吹打打，載歌載舞，一路鳴槍來到新娘家。到新娘家時，新娘家端出一盤甜食，迎親隊伍一搶而光。婚禮上，新郎坐在床上，由他的兄弟朋友抬起，如果新郎穩坐，眾人上前恭喜。接下來，新郎與新娘同坐一床，中間放一個盤子，新郎把帶來的首飾、錢放在空盤裡，新娘母親拿走，然後再把盤子放在原處，新郎只好再放一些錢，新娘母親再拿走。結束後，新娘由 7 位有夫之婦送上花轎。有的地方還實行搶婚。新娘到婆家後，公婆首先來見，接著其他人來見，見面時，都要給新娘見面錢。新郎在最初的三天內不得見新娘。三天後，舉行鏡中見面儀式，儀式完畢，兩位婦女各往新娘新郎嘴裡放一塊黃色球狀甜食，表示新婚生活甜甜蜜蜜。

在帕坦人中，還存在一些古老的風俗，如在新婚之夜，新郎要用盡力氣狠狠地抽打新娘，新娘只能咬緊牙關，不能發出聲音，更不能痛哭。而在外面偷聽的婦女則拍手稱快「聽啊，新娘在遭受苦難那！」在帕坦人中，尚存女子蒙頭遮面的習俗，全身裹得嚴嚴實實，只露雙

眼。在外人面前，妻子不能與自己的丈夫說話，更不能與外人講話。禁止婦女看電視，只能收聽收音機。她們的道德觀念很強。如果發現女子與別的男子私通有了身孕，不等孩子生下來，就將該女子處死。對私通的男子或處死或砍下雙腿。因此，女子若嫁不出去，寧願一輩子是處女，也不敢找情人。

在巴基斯坦的有些地方，還存在著別具特色的婚俗。如買肚子、童婚、換親、同《可蘭經》結婚等。所謂「買肚子」是指窮人家的婦女懷孕後，由於生活困難，富人付給一定生活費，立下字據，如果生下女孩，長大後就嫁給這個富人或富人的兒子、親友為妻。童婚指為嬰幼兒結親的風俗。孩子剛出生或還很幼小時，父母為他們作主訂婚結親。這種婚姻不考慮年齡，因此，雙方年紀往往相差很大，一旦訂婚，就不能毀約。如果訂婚後，男子死亡，女子則嫁給該男子的兄弟，否則終身守寡。如果女子死亡，則女子的姐妹和該男子結婚。換親的風俗在巴基斯坦農村盛行。一個男子要娶一個女子，則男子家裡的女子需要嫁給對方家裡的男子。如果男子在本族中找不到合適的女子，則要向對方交納買妻錢。換親也不受年齡限制，因此，有姑娘嫁給白髮蒼蒼的老者或不懂事的小孩。在信德人中，非常忌諱本族女子同外姓人結婚，如果在本姓家族中找不到合適的男子，則只能和《可蘭經》結婚。婚禮儀式簡單，姑娘沐浴完後，打扮成新娘的樣子，父親或族中長者把《可蘭經》交給女子，說「今天你與《可蘭經》結婚，你要保持貞潔」。從此，姑娘終身不能再嫁。巴基斯坦還有些地區流行新娘為新郎家做麵糰。在新娘過門以前，新娘必須為新郎家做一個大到可以做 20 公斤重大麵包的麵糰。如果該麵糰不能發起來，男子就可以理直氣壯地提出退婚。

巴基斯坦實行一夫多妻制。按照伊斯蘭教傳統，一個男子可以娶四個妻子。但是，隨著社會的發展，現在巴基斯坦實行一夫多妻的現象已經不多見。在 1998 年巴基斯坦的人口普查的結果中，男女比例約為 111：100，因此，即使男女一配一的話，每 100 個男子中就有 11 個

光棍，更不用說一夫多妻了。

巴基斯坦自古以來，盛行大辦嫁妝的習俗。嫁妝的多少和質量的高低直接影響著家庭的聲譽。姑娘一出生，父母就開始為女兒的嫁妝積儲，一旦訂婚，女方就開始置辦嫁妝。為了使男方滿意和女兒以後幸福，女方一般要花費 1 萬甚至更多的盧比。嫁妝一應俱全，從小小的洗手壺，大到今天的彩色電視機、冰箱、小汽車等。婚禮舉行時，女方要當眾展示嫁妝物品，以顯示自己的闊氣和抬高女兒的身價。嫁妝越多，女兒在婆家的地位越高，反之，則會受到婆家的輕視甚至虐待。如果家裡有幾個女兒，則會導致家庭因置辦嫁妝而負債累累。因此，巴基斯坦重男輕女就不足奇怪了。

但是，在巴基斯坦俾路支省，則是另外一種風俗。嫁妝不是女方承擔，而是由男方置辦。男子到了結婚年齡，要有殷實的財產才敢提親。男方準備的彩禮有首飾、衣物、金錢，甚至土地、牲畜等財產。彩禮的多少取決於女方的社會地位和姑娘的容貌。社會地位越高，姑娘越漂亮，則彩禮就越多。所以，彩禮的多少直接關係到婚姻的好壞。為了逃避沉重的彩禮，許多家庭採取換親的方式。俾路支人認為，把姑娘嫁給別人是一種恥辱，因此，對方為了彌補這一點，需要送給女方大量嫁妝。由於男方付出了巨額彩禮，女方就不能解除婚約。結婚後，姑娘就變成了男方家裡的財產，丈夫去世，妻子不能隨便改嫁，只能與丈夫的兄弟結婚。或者由丈夫家裡作出決定。寡婦不能提出任何財產要求，只能有少量的生活費用。如果執意要改嫁，外族男子就必須拿出以前獲得的同樣數量嫁妝，而且原來娘家的嫁妝不能帶走。

由於巴基斯坦人把婚姻看得非常嚴肅、神聖，加之傳統習俗和宗教影響，在巴基斯坦，離婚非常少見。但也有例外。帕坦人篤信宗教，但仍實行一夫一妻制，如果妻子不能生育，則有權再娶二房。一旦結婚，就成為終身夫妻。帕坦人視離婚如同殺人有罪一般。因此，不主張離婚。流行堂兄妹結婚。本部族的人一般不外嫁。

雖然絕大多數巴基斯坦人認為離婚是真主留給人間的一大禍害，

離婚是極為不光彩的事。但是俾路支人下層民眾則不以為然。有時僅為一些小事，就作出離婚決定。他們離婚不需要到法院，不需要經過伊斯蘭教師裁決。而是丈夫朝妻子的方向扔去 3 塊土塊，每扔之前丈夫大聲說出：「我已經把你休了。」三塊土塊扔完，就算是離婚了。有的地方是扔小石子。如果妻子不在場，扔到丈人或小舅子的懷裡也行，只要有兩人在場作證，離婚便生效。男女雙方均可以提出離婚，如果是男方先提出，則男方必須還清聘禮；如果是女方先提出，則必須還清男方的彩禮。離婚後，女子不受任何歧視，不過身價降低一半。如果女子是因為通姦而被休棄，則將被打入冷宮。

巴基斯坦的生育習俗也別具特色。婦女婚後頭一胎一般要在娘家生產。在分娩前三個月，孕婦要回娘家，從這時到產後 40 天的開銷由娘家負擔。嬰兒出生後，外婆要送給孩子手鐲、11 或 21 套嬰兒衣服、搖籃和煮牛奶的鍋。40 天後，女兒帶著孩子回婆家時，還要送女兒首飾和衣服等。嬰兒一出世，就要請毛拉（毛拉是伊斯蘭宗教教師或宗教學者），讓他在嬰兒的耳邊發出喚禮的聲音，讓嬰兒來到世間聽到的第一個聲音是伊斯蘭教的喚禮聲，讓他從此與伊斯蘭教結下緣分。接下來，給嬰兒餵食一種藥物，讓他吐出胃裡的髒東西，然後給嬰兒嘴上抹一點蜂蜜或糖。從孩子出世到滿月，必須在產婦和嬰兒的床頭放上一把寶劍和一些紅糖，意為保護產婦和嬰兒平安。西北邊境省的一些地方，當嬰兒出生時，將他放到冰上一會兒，目的是使孩子在以後能夠克服各種困難，長大後成一個勇敢的人。產婦從分娩到滿月，不出門，不幹重活，不梳妝打扮。產後第六天和第四十天還要為產婦和嬰兒舉行兩次沐浴儀式，邀請親朋好友來祝賀。第四十天的儀式，還要去清真寺為產婦和嬰兒做祈禱，向來賓分發乾果、甜食等，還要設宴款待親朋好友，並向窮人施捨。

巴基斯坦的喪葬儀式需要按照伊斯蘭教規的要求進行。根據傳說，死人在快斷氣的時候，會感到口乾舌燥，魔鬼會趕來給他水喝，引誘他做壞事。因此，死者家屬在這時必須站在死者的周圍，以防止魔鬼

的出現，並祈禱以減輕死者臨死時的痛苦。等到一嚥氣，將死者的面朝向麥加。穆斯林相信人的靈魂是永恆的，所以死者要有人輪流守護，防止妖魔拖走死者的靈魂。埋葬之前，由清真寺的阿訇為死者淨身。把死者安放在鋪有木板的坑裡，用棗樹葉熬煮的水沖洗。按宗教規定，先沖洗頭部三次，再把屍體翻向右側，從頭到腳沖洗。而後，塗上樟腦油和香料，裏上撒有樟腦油的的白布放在棺材或屍架上，女屍頭上還要另外罩上一塊頭巾。等到送葬的人到齊後，在阿訇的帶領下，緩步走向墓地。在走向墓地的途中，阿訇反覆大聲朗讀《可蘭經》的開端和穆斯林的證詞。到達墓地後，阿訇帶領送葬的人一起為死者祈禱，然後將全身裹滿白布的屍體頭北腳南面向麥加放入墓穴。同時，人們大聲呼喊：「我們都屬於真主，我們要回到他的身邊去！真主至上！」而後，掩土並向墳頭撒水。送葬的人返回，但家屬要留下守靈。葬後，親屬要哀悼三日，此後還有四十日、六個月和週年紀念日。所有親屬都要參加這些祭奠儀式。

在帕坦人中，除死者家屬婦女捶胸痛哭外，還邀請專職哭喪的婦女。這些婦女每25-30人一組，她們圍在死者的周圍，一位年長者領頭，一邊用雙手拍打面頰，揪著頭髮，一邊按著模式嚎啕大哭。一組哭累了，換上另外一組，直到送葬結束。在巴基斯坦，如果有人去世，親戚朋友以及同村的人都要來表示哀悼，參加死者的喪葬活動。死者家裡三日以內不生煙火，全靠親戚朋友送來。在旁遮普省，親戚為了提高死者的聲響和表示對死者家屬的關懷，爭著給死者家屬送飯。喪葬結束後，哀悼三天，死者家屬要對親戚朋友表示感謝。逢四十日、六十日和一週年時，死者家屬還要舉行祭奠活動，設宴招待所有參加祭奠活動的人，同時要拿出部分飯菜送到清真寺，並給窮人、殘疾人、乞丐、孤兒施捨。在信德省，從葬後到四十天的祭日，每週五都要設宴，有的由親戚出面，輪流幫助操辦。參加宴請的人有時多達千人。這種習俗已經給許多家庭帶來沉重的經濟負擔。

按照伊斯蘭教規，所有穆斯林男孩都要施行割禮。一般在孩子出

生 15 天至 7 歲之間進行。父母選擇良辰吉日，邀請親友參加。親友送來禮物以示祝賀。孩子打扮得像新郎一樣。通常由理髮師施行，先給孩子塗上一點邁哈迪，然後趁孩子不注意時，迅速割下包皮。手術結束和傷口癒合時，家裡都要舉行慶祝活動。

第三節　豐富多樣的節慶

以下介紹巴基斯坦的主要節慶：

一、真納誕辰紀念日

巴基斯坦建國運動領導人真納，1876 年 12 月 25 日生於富商家庭，曾留學於英國。1896 年加入印度國大黨，1913 年加入穆斯林聯盟，曾兩任主席，1934 年起成為該盟終身主席。最初，他主張印度建立統一的獨立國家。1921 年與國大黨決裂。1940 年 3 月 23 日在拉合爾主持召開了具有歷史意義的會議，會上通過了〈巴基斯坦宣言〉，主張在印度伊斯蘭教徒聚居地區建立伊斯蘭國家。1947 年巴基斯坦自治領成立時，任第一任總督。1948 年逝世。巴基斯坦獨立後，每年 12 月 25 日真納的誕辰日，巴基斯坦全國放假，各地舉行紀念活動並向喀拉蚩的真納墓敬獻花圈。

二、巴基斯坦國慶節和獨立日

巴基斯坦原為英屬印度的一部分，伊斯蘭教徒和印度教徒常因信仰不同而發生衝突。穆斯林聯盟 1940 年 3 月 23 日在拉合爾舉行具有歷史意義的會議，會上通過了一項宣言，主張英屬印度的伊斯蘭教徒單獨成立國家。該宣言又稱〈巴基斯坦宣言〉。1947 年，英國公佈〈蒙巴頓方案〉，將英屬印度按居民的宗教信仰分為巴基斯坦和印度兩國，實行分治。同年 8 月 14 日，巴基斯坦宣佈獨立，成為英聯邦自治領。1956 年 3 月 23 日成立巴基斯坦伊斯蘭共和國。因此，3 月 23 日定為

巴基斯坦國慶日，8 月 14 日定為獨立日。在這兩個節日裡，巴基斯坦全國放假，並進行隆重的慶祝活動。如，在首都進行閱兵式，各地進行集會、演講，向真納基敬獻花圈，廣播電臺和電視臺播放專題節目等。

三、聖紀節

　　回曆太陽年 3 月 12 日是伊斯蘭教創始人、先知穆罕默德的誕辰。巴基斯坦全國各地每年都要進行隆重的紀念活動。這一天，人們身著節日盛裝，到清真寺做禮拜，唸《可蘭經》，唱讚美詩，頌揚先知穆罕默德的功德。各地通常要舉行宗教集會，城市裡還要進行盛大的遊行。遊行隊伍抬著巨大紙做的清真寺模型，街上不時有人拿著長頸瓶向遊行隊伍灑香水。路邊架起的大鍋裡煮著準備施捨的抓飯，還要分發甜食。此外，還進行讚揚先知穆罕默德功德的詩歌朗誦會。入夜，城市的大街小巷張燈結綵，家家戶戶燈火通明。馬路上的分隔島也裝飾得金光閃閃。巴基斯坦全國每年為此項活動花去數額驚人的錢財。在這一節日，巴基斯坦全國放假一天，電臺和電視臺還專門播放特別節目。

四、開齋節

　　回曆太陽年 9 月是穆斯林的齋月。齋月結束後，10 月 1 日是開齋節。齋月的起止以新月的出現並結合伊斯蘭教曆確定。伊斯蘭教曆以月亮圓缺一次為一個月，大月 30 天，小月 29 天。以日落後為一天的開始，經過一個黑夜和一個白天，到日落為一整天。因此，伊斯蘭教曆 8 月 29 日的白天結束後，如見到新月，便進入齋月，8 月即為小月；如見不到新月，8 月便為大月，8 月 30 日日落之後，自然進入齋月。9 月 29 日日落後，如見到新月，9 月即為小月，齋月宣告結束；否則，9 月便為大月，至次日日落後，齋月自然結束，進入開齋節。在巴基斯坦，每年都由知名伊斯蘭教學者組成「中央新月觀察委員會」，負責觀察新月的出現。如該委員會未看到新月，而其他地方有人看到且有

證人，也有效。據此，觀察委員會可通過廣播、電視向全國宣告齋月的起止日期和開齋節的開始。據說，開齋節起初是為了紀念 1300 年前伊斯蘭教創始人穆罕默德在該月夜間傳授《可蘭經》，在此期間，穆罕默德很少進食，後來這個月就演變成齋月。齋月期間，穆斯林必須在日出與日落這段時間內，不吃不喝，不抽菸，並克制一切私欲邪念，以表示對真主的篤信和崇拜。入夜後，把齋結束，人們才能吃喝抽菸，探親訪友。齋月的最後一個星期五是一個重要日子。這天晚上，各家歡聚一堂，唸《可蘭經》，唱讚美詩，宴請賓客，迎接開齋節的到來。

開齋節是穆斯林最隆重的節日。10 月 1 日清晨，人們沐浴、盛裝，婦女還要戴上各種首飾，手上和腳上都畫上棕色圖案，去清真寺做禮拜。親戚朋友見面時，擁抱三次，互致節日的祝賀。禮拜後還要到死去的親屬墓前，為其祈禱，然後回家吃各種甜食和糕點。因此，開齋節又叫「甜爾德節」。下午，人們開始享用為節日準備的各種豐盛食品，節日持續三天，人們通常趕集購物，探親訪友或外出遊玩。長輩們還要給孩子或親友的孩子錢、玩具等作為節日禮物。

五、古爾邦節

回曆太陽年 12 月 10 日是伊斯蘭教的傳統節日古爾邦節，其隆重程度僅次於開齋節。「古爾邦」在阿拉伯語中是「犧牲」之意，所以，古爾邦節又稱「宰牲節」。據古代阿拉伯宗教傳說，阿拉伯先知易布拉欣夢見真主，啟示他宰殺自己心愛的兒子伊斯瑪尼獻祭，以考驗他對真主的真誠。當易布拉欣舉刀欲將其愛子伊斯瑪尼宰殺獻祭時，真主派天使牽來一頭綿羊，讓易布拉欣宰羊獻祭代替獻子。從此，在阿拉伯民族中就形成了宰牲獻祭的習俗，以紀念易布拉欣對真主的忠誠。伊斯蘭教產生後，這一習俗在穆斯林中得到了繼承，成為一個重要的宗教節日。古爾邦節持續三日。在這個節日裡，穆斯林沐浴盛裝，到清真寺做禮拜，但做禮拜的時間比開齋節時間短。根據教規，凡是穆斯林都要根據自己的經濟狀況，在節日期間宰牲獻祭。他們可一人宰

一頭羊，也可由 7 人合夥宰殺一頭牛或單峰駱駝獻祭。獻祭的東西應是自己最珍愛之物，因此，有些人給牛、羊和駱駝掛上鈴鐺，披紅掛綠，或將毛染成人們喜愛的顏色，以示珍愛之情。牲畜宰殺之後，三分之一的肉留給自己吃，三分之一用來饋贈親朋好友，三分之一用於施捨窮人。

六、巴基斯坦伊斯蘭聖徒忌辰節——烏爾斯

自西元 8 世紀以來，伊斯蘭教在南亞次大陸不斷發展。在傳播伊斯蘭教的過程中，以色列宗教學者和蘇菲派傳教士起了重大作用。特別是蘇菲派傳教士，他們深入窮鄉僻壤，孜孜不倦地為傳播伊斯蘭教義而工作。他們生活簡樸、信仰虔誠、學問高深，還努力學習當地人民的語言，注意用人民喜聞樂見的形式宣傳教義，影響很大。有些蘇菲派傳教士還是著名的學者和詩人。他們死後，仍然受到人們的崇敬，被當作聖人，他們的墓地被當作聖地，還修建了華麗的墓殿。平時，人們常去他們的陵墓唸〈法諦海〉(《可蘭經》首章)、獻牲，祈求他們的庇佑，每逢他們的逝世紀念日，其基地所在地都要舉辦盛大的紀念活動，稱「烏爾斯」。烏爾斯一般舉行三天，信徒們從四面八方趕來參加，有的甚至赤腳步行數百公里趕來，以示虔誠。烏爾斯的紀念活動以「浴墓」開始。當地的政界要人、著名宗教學者等以數百至數千公斤的玫瑰香水沖洗象徵性的大理石棺和墓室地面。此外，還有瞻仰聖墓、唸〈法諦海〉、唱宗教歌曲、跳狂熱的宗教舞蹈等活動。烏爾斯的組織者要向信徒們施捨牛奶、齋飯。整個活動的開支十分龐大，但信徒們的捐贈也很可觀。巴基斯坦各地的伊斯蘭聖徒陵墓極多，以烏爾斯活動為中心的聖墓朝拜活動已成為巴基斯坦許多穆斯林宗教活動的一個重要部分。當然，也有一些人對此持反對態度。

七、巴基斯坦全國牛馬大會

畜牧業對巴基斯坦的農業和人民生活具有重要意義。牲畜的表演、

圖23：全國牛馬大會　牛馬大會這個傳統活動起源於15世紀，每年的此時各部落都會派人來參加。

評比和交易在巴基斯坦有著悠久的傳統。1952年巴基斯坦政府在文化古城拉合爾舉行了一次較大規模的牲畜評比和表演，對促進農牧業的發展起到了積極的作用。自1959年起，每年春天巴基斯坦政府都在拉合爾的城堡體育場舉辦這一活動，稱作全國牛馬大會，為期一週左右。

全國牛馬大會的主要內容是評比各類牲畜和家禽，評比項目達300多種，優良者可獲獎盃、獎牌和獎金。此外，還有總統衛隊的古代佈陣表演、盛大的軍樂表演、馬術表演、馬和駱駝跳舞、火炬表演等。在舉辦全國牛馬大會期間，拉合爾還舉行馬球、曲棍球等體育比賽，舉辦畫展、影展、書展、音樂會等。全國牛馬大會已成為巴基斯坦傳統文化的展示會，吸引了成千上萬的國內外遊客。

八、阿術拉節

「阿術拉」是阿拉伯、波斯、烏爾都語的共同詞彙，本意為「第十」，並特指回曆1月10日。據說，這一天是阿丹、努海、易布拉欣、

穆薩等先知得救的日子。又傳，阿拉在這一天創造了人、天堂和地獄等，故稱神聖日。但是，對於巴基斯坦什葉派穆斯林來說，阿術拉是專門用來哀悼伊斯蘭教先知穆罕默德的外孫、被尊為什葉派領袖的候賽因的日子，故又稱「哀悼節」。西元 680 年，候賽因在卡爾巴拉戰役中殉難。

阿術拉雖然是巴基斯坦的第三大宗教節日，但其紀念形式及場面之壯觀感人卻超過了宰牲節和開齋節。悼念活動從回曆 1 月 1 日（西元約 8 月中旬）或 3 日開始，到 10 日達到高潮。10 日之前，該教派所有婦女都穿黑袍。10 日，男子們結隊上街悼念。隊列的前導是各種悼念標誌和模型：作為什葉派戰旗的黑綠兩色旗幟，象徵著什葉派尊崇的穆罕默德、候賽因等五位聖人的圖案及候賽因的陵墓和戰馬的模型。悼念隊伍中的每個青年男子都手攥四五根約二尺長的鐵鏈子，用力往自己的背部甩打。鐵鏈的末端各繫一把半尺來長的利刀，刀的末端呈彎鉤形，猶如一隻隻犀利的鷹爪。他們一甩一拉，身上立即出現幾條殷紅的鏈痕和刀傷。那些彎鉤，更是撕裂著一塊塊皮肉。不多一會兒，一個個便皮開肉綻，遍體鱗傷，令人慘不忍睹。連素尼派的圍觀者也往往禁不住潸然淚下。可那些青年似乎毫無痛苦之感，隨著哀悼之火越燃越烈，他們在甩打鐵鏈的同時，還不斷地捶胸頓足，呼喚候賽因的名字。隊伍中還有人高聲背誦 19 世紀著名烏爾都語詩人阿尼斯和達比爾為紀念候賽因而作的哀悼詩。於是，喊叫聲、誦詩聲、哭泣聲交織在一起，十分慷慨悲壯，而外國人看了，也為之動容。這時，那些悲不欲生的哀悼者，有的因流血過多而休克，有的因極度悲傷而昏厥，紛紛被抬到醫院搶救。至此，節日的哀悼活動達到高潮。

由於候賽因殉難於沙漠之中，受盡了乾渴的折磨，許多什葉派穆斯林在哀悼期間還在街頭巷尾設攤，向行人捨水捨飯以還願。此外，巴基斯坦比較重要的節日還有：勞動節：5 月 1 日；伊斯蘭教新年：6 月 10–12 日；保衛巴基斯坦日：9 月 6 日；聖誕節：12 月 25 日；節禮日：12 月 26 日。

第四節　民間運動

一、卡巴迪

「卡巴迪」是巴基斯坦青年男子的一種劇烈運動。卡巴迪在平坦的場地上進行，不需要任何器械。場地中間劃一條長七八碼的中線，中線兩端各坐一人或堆以衣物作為標誌。比賽時，進攻隊員必須從兩個標誌之間返回己方場地，不得越出標誌。卡巴迪的比賽方式主要有三種。第一種：運動員分為甲乙兩隊，每隊六七人，均站於己方半場。比賽開始，甲方一名進攻隊員越過中線，選擇對方最弱的隊員作為目標，向他衝去。乙方受攻擊的隊員則力圖在其隊友的掩護下躲避進攻。如果甲方隊員衝破對方防線並以手觸及目標，則被觸之人必須單獨將進攻者抓住摔倒。如甲方進攻隊員觸及乙方隊員後順利返回中線，被觸及的乙方隊員便被罰出場，由甲方得分。如甲方進攻隊員被抓住摔倒，或未能在規定時間內回到中線，便由乙方得分。在甲方進攻隊員觸及乙方隊員之前，乙方任何一名隊員都可以攔截他，將其摔倒。比賽時，兩隊輪流進攻，最後以得分多少確定勝負。

　　第二種比賽與第一種比賽相比，區別僅在於進攻隊員必須不間斷地呼喊「戈迪（旁遮普語，即卡巴迪）！戈迪！」如乙方隊員能將他摔倒，迫其中斷呼喊，便由乙方得分。如甲方進攻隊員因受阻而未能返回中線，但呼喊聲未中斷，且臥於地上能以手觸及中線，則仍可得分。

　　第三種方式，參賽隊員只限兩人。每個隊友都以彩色頭巾纏頭，纏時使頭巾的兩端高高聳立，猶如羽冠，將圍褲下襬掖於腰間，赤腳，身上抹油。每隊將己方半場的一角作為基地。比賽時，甲方進攻隊員跳著來到場地中央，乙方隊員來至距甲方隊員幾步遠處站立，並振臂高呼「呀！阿里保佑！」或「真主至大！」的口號；甲方隊員慢慢後退，並說「來呀！來呀！」然後迅速轉身奔跑，而乙方隊員窮追不捨。甲方

圖 24：巴基斯坦的傳統運動卡巴迪

隊員在奔跑時必須注意使自己和對方保持適當的距離，並伺機觸及對方。觸及對方後，如他能順利返回基地，便可得分；如被乙方攔阻而不能在規定時間內返回，就算輸了。比賽中，每個隊友各進攻一次，並和隊友追擊一次，最後以得分多少決定勝負。舉行卡巴迪比賽時，人們常常擊鼓助威，獲勝一方還要高舉彩旗遊行，並跳起蓬格拉舞表示慶祝。

二、古利丹達

「古利丹達」是巴基斯坦著名的民間運動，主要流行於旁遮普地區。運動器械為一根長 2–2.5 英寸的木棍和一個長 6、7 英寸的棗核形木塊。前者叫丹達，後者為古利。古利丹達是一種男孩子的運動，比賽時，至少有兩人參加。如人數較多則分為兩隊。古利丹達在各地的比賽方式不盡相同。一般於比賽前在場地一角挖一長 3、4 英寸、寬和深各為 1–1.5 英寸的小坑。比賽開始，甲方進攻隊員將古利橫架於小坑之上，然後手持丹達，將丹達的一端置於坑內，將古利挑起擊出。然後再將丹達架於坑上，自己退至一側站立，這時，乙方一名隊員將古利對準丹達投來，如丹達被擊中，甲方隊員則被罰出場，由其他隊員替補。如乙方未能以古利擊中丹達，甲方隊員便以丹達猛擊古利的一端，使其跳起，並在空中將其擊出。古利落地後，甲方隊員仍重複以上動作，將古利不斷擊往遠處。當該隊員到達場地邊線時，便返回將丹達架於坑上。乙方隊員再以古利擲擊丹達。如丹達被擊中，甲方進攻隊員被罰出場。否則，甲方隊員仍像先前一樣將古利擊往遠處。如此循環，直至甲方隊員全部被罰出場。然後，兩隊交換位置。最後，以古利被擊出的距離總和的多少決定勝負。

　　另一種方式是甲方進攻隊員將古利置於坑邊，手持丹達，將其一端置於坑內並緊靠古利。乙方隊員排列成行，站在一定的距離外。甲方進攻隊員先擊打古利一端，待其跳起後，將其擊出。如乙方隊員在古利落地前將其接住，甲隊進攻隊員即被罰出場，由其他隊員替補。如乙方隊員未能接住，則甲方進攻隊員將丹達一端置於小坑之上，乙方隊員將古利投向丹達，如古利擊中了，甲隊進攻隊員仍要被罰出場。如乙隊未能擊中，則甲隊進攻隊員可繼續打兩次。如甲隊隊員全部被罰出場，則兩隊交換位置。最後，被罰出場少的一方獲勝。

Pakistan

第Ⅲ篇
近代以前的巴基斯坦

第五章
印度河流域的史前文化

第一節　悠久的歷史

　　巴基斯坦是人類文明發祥地之一，在巴基斯坦境內，世界著名的印度河流域文化產生以前就存在早期人類文化。巴基斯坦石器時代的文化遺址主要集中在波特瓦爾和俾路支兩個地區。根據考古發掘，在拉瓦爾品第以南波特瓦爾地區的索安河河谷，有許多石器時代遺址，距今已有 50 多萬年。遺址中發現有砍削器、砍劈工具和刮削器三類，在有些地方還發現有打磨得相當光滑的手斧和砍刀。這類工具為索安河河谷所特有，所以考古學家便把和它們相聯繫的生活方式定名為索安河文化。這是巴基斯坦史前時期的文化。索安河文化的主人被稱為柔然人和加卡爾人或稱科卡爾人。

　　西元前 3000 年，在今俾路支省的河谷和山麓丘陵，小型的村落文化已開展起來並開始進入人類文明時代。從遺址中發現的動物化石和大麥等其他作物來看，這裡的人類開始定居，飼養和種植農作物，具有兼農兼牧的生活特點。巴基斯坦考古學家對信德和俾路支地區的史前土堆進行發掘，發現這些史前人類遺址堆積很厚，每一土層代表一

個時期的文化。經過發掘和分類，考古學家把它們稱為紅陶文化和黃陶文化兩大類。前者是人們所熟悉的北伸路支佐布文化，後者包括信德和南伸路支的奎達、阿米里和庫利文化。一些阿米里村落或小城有石頭砌成的圍牆和堡壘，其目的在於防禦，居民的房屋用石頭作基石。在納米爾發現有 100 多座墳墓組成的公墓群。阿米里和其他部分遺址發現有印度河流域文化特色，這是黃陶文化的一大特徵。另外，阿米里的皂石圖畫、銅製器皿和某些陶罐彩、畫表明黃陶文化與印度河流域文明有部分聯繫。

信德省的科特·迪季史前文化遺址的發掘把印度河流域文明的起源推前了 300 至 500 年，即最遲在西元前 2800 年至西元前 2500 年間。在這裡找到了前哈拉巴文化的發展軌跡。

第二節 距今 4000 年的城市國家

1920 年代以來，考古學家在印度河流域先後發現了許多城市和村落遺址。其中位於信德省拉卡納縣的摩亨佐達羅和位於旁遮普省蒙哥馬利縣的哈拉巴是最大的兩個遺址。所以，人們把印度河流域的古代文明又稱為哈拉巴文化。哈拉巴文化中心地區的年代為西元前 2500 年到 1750 年左右，其邊緣區存在的時間更晚，為西元前 1000 年。

哈拉巴和摩亨佐達羅兩個中心城市，周長都在 4830 千公尺以上，由衛城和下城兩個部分組成。兩座城市的衛城面積大小相近，南北均在 365.5 公尺至 457 公尺，東西均在 183 至 213 公尺之間。哈拉巴衛城高達 15.2 公尺，基底厚為 12.2 公尺的磚牆。城北有穀倉、作坊和勞動者的宿舍（可容 100 人）。摩亨佐達羅的衛城更加壯觀，四周有塔樓，衛城中心有一個長方形的大浴池，兩個邊長分別為 11.9 公尺和 7 公尺，深為 2.4 公尺，據推測是為舉行宗教儀式使用。浴池東北面有一組建築群，其中一座長 70 公尺，寬為 24 公尺，該廳可能是最高統治者的居所。浴池西面有一座裝滿穀物的大倉庫。衛城南部是以會議廳

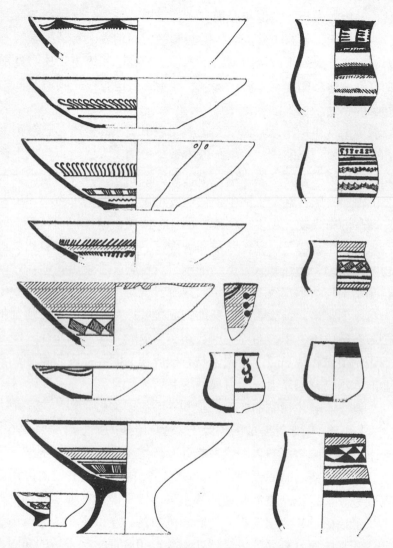

圖 25：阿米里發現的陶器花紋

為中心的建築群。衛城可能是城市的行政、宗教中心和防禦據點。下
城區為居民區，市區佈局整齊，街道基本上是南北走向和東西走向，
最寬的街道寬達 10 公尺，同時周圍也有小巷。街道兩邊的房屋由燒磚

砌成；房屋的大小、高低和設備有顯著差異，其中有包括很多房間的
二、三層樓房，也有十分簡陋的房屋和茅舍，這表明當時的階級分化
和對立已產生。城中有用磚砌的下水道。哈拉巴和摩亨佐達羅分別位
於印度河上游和印度河下游，兩城相距 644 公里，應是兩個互不相屬
的國家的都城。

　　與史前文化相比，哈拉巴文化時期城市國家的生產力已有很大發
展，已進入青銅器時代。在中心城市遺址發掘出大量銅、青銅生產工
具和武器，如刀、斧、鐮、鋸、矛、劍、箭鏃等。另外也有少量石製
工具。畜牧業雖在經濟生活中仍佔重要地位，但農業生產已佔主要成
分。農作物有大麥、小麥、胡麻、甜瓜、椰棗、蔬菜和棉花等。飼養
的牲畜有水牛、綿羊、豬、駱駝和大象等。這時手工業發展起來，金
屬加工、製陶和紡織都有相當高的水平。製陶業中使用陶輪，並飾有
幾何圖案和動植物花紋。在摩亨佐達羅發現有棉織物和許多用象牙、
石材雕刻的圖章，這說明雕刻藝術得到發展。在哈拉巴文化遺址中，
有許多石製砝碼、車、船等，而且還有外地輸入印度的產品，同時在
西亞兩河流域和敘利亞也發現了具有印度河文明特點的印章等。這表
明當時本地商業已產生，而且與西亞有貿易聯繫。

　　作為文明時代標誌的文字也出現。哈拉巴文化時期的文字絕大多
數刻在石、陶、象牙等製成的印章上。迄今所知的文字符號有 396 個。
印章上文字與圖畫（神、野獸）相並存。這種文字尚未被解讀。哈拉
巴文化走向衰落的時間大約在西元前 1750 年左右。其衰落的確切原因
尚不清楚，但是從印度河流域的許多城市遭到破壞（摩亨佐達羅和哈
拉巴被徹底破壞）的情況看，有戰火的痕跡，在房屋和街巷留下許多
可能遭殺戮的男女老幼的骸骨，所以說，印度河文明衰落的原因大概
是外族入侵造成的。

圖 26：摩亨佐達羅發現給兒童玩的陶瓷玩具

第三節　亞利安人的「吠陀」文明

亞利安人是印歐語系印度—伊朗語族的一支，最先居住在中亞和高加索一帶。西元前 2000 年左右，亞利安人的一支南下，在幾個世紀內陸續侵入印度河的五河流域，從此開始成為該地區的主要居民。關於亞利安人的生活，考古發掘材料較少，但文獻傳說中有生動的描述。《吠陀》是其最早的文獻。「吠陀」一名來自梵語「吠德」，意為「知識」、「學問」。《吠陀》一書是亞利安人祭司祭神用的頌歌、經文和咒語的彙編，也是亞利安人最古老的文學作品，共有四部。其中最早形成的一部是《梨俱吠陀》，它是一部讚頌神祇的詩歌集，記載著亞利安人和達薩人之間的戰爭及諸神如何幫助亞利安人攻打達薩人，同時也反映了西元前 15 世紀至前 10 世紀間印度河上游社會生活的許多情況。因此，《梨俱吠陀》所反映的時代，在歷史上稱為「早期吠陀時代」

或「梨俱吠陀時代」。

這一時期亞利安人的經濟生活,開始從畜牧業轉向農業定居生活,手工業也得到發展。放牧的牲畜有牛、綿羊、山羊、狗和馬。他們從土著居民那裡學會使用木犁和牛耕技術。手工業有金工、木工、皮革工和陶工等行業。同時,亞利安人的氏族部落制開始解體。氏族公社有土地已分配給父系大家族耕種,牲畜和一些動產已為大家族所有,大家族成為社會的基本經濟單位。隨著農業生產的發展,大家族的土地佔有權得到社會的承認;階級分化開始出現。氏族部落內部出現了祭司和武士兩大集團,這兩大集團高於普通氏族成員,成為氏族貴族。與此同時,亞利安人的部落機關為適應征戰需要發展到軍事民主制。軍事民主制由部落首領、長老議事會和人民大會三個部分組成。

早期吠陀時代戰爭相當頻繁。亞利安人的戰爭包括對當地土著達薩人的戰爭和亞利安人內部各部落之間的征戰。《梨俱吠陀》中記載的十王之戰(西元前 1100 年)是一次大規模部落戰爭。這次戰爭促使階級分化,被征服的土著達薩人和戰敗部落人民、因負債和賭博而失去財產和身分的人淪為奴隸。瓦爾那制隨之產生。在《梨俱吠陀》最末部分,記述諸神分割大神普魯沙時,由普魯沙身體的不同部位產生四個瓦爾那:即由口、雙臂、雙腿、雙腳分別產生了婆羅門(僧侶)、剎帝利(王族)、吠舍(平民)和首陀羅。這標誌著瓦爾那制開始萌芽。

西元前 1000 年,印度河流域和恆河流域開始產生國家。《沙摩吠陀》、《耶柔吠陀》、《阿闥婆吠陀》三部較晚的吠陀反映了西元前 900 年至西元前 700 年該地區國家產生時期的社會情況。因此,這一時期在歷史上被稱為「後期吠陀時代」。後期吠陀時代即是亞利安人國家在印度河和恆河流域產生的時期,也是瓦爾那制形成時期。

在後期吠陀時代,印度河流域農業生產使用鐵器,生產力水平進一步提高,農業、手工業和商業繁榮。階級分化和階級鬥爭隨之加劇,僧侶和世俗貴族權力進一步加強,氏族部落的軍事民主制演變為階級統治和階級壓迫的國家機構。氏族貴族成了統治階級,部落首領轉變

為真正的國王。這一時期的階級國家是一些範圍不大的小國，以一個城市為中心，因而都具有城市國家的性質，故稱為城邦。在印度河流域上游旁遮普地區有犍陀羅、開卡亞、摩德羅三個著名的城邦國家。

第四節　舉世聞名的犍陀羅藝術

犍陀羅又譯作乾陀羅或健馱邏，是古代巴基斯坦地名和國名，相當於今天巴基斯坦的白沙瓦及毗連的阿富汗東部一帶。在今白沙瓦北部的迪爾和斯瓦特發掘古墓以後，歷史學家找到了從西元前1500年到前500年共一千年時間裡巴基斯坦歷史和文化的實物證據。這一時期相當於青銅器和鐵器時代。從出土文明來看，它所代表的文化與印度河文明和俾路支村落文化迥異，應屬於吠陀時代的亞利安人文化。

西元前6世紀，佛陀釋迦牟尼開始傳教，很快便在整個次大陸北部居於支配地位。犍陀羅居民信仰佛教，並創造了高水平的佛教文化和藝術。西元前6世紀後期，波斯帝國大流士一世入侵印度，吞併了犍陀羅國和整個印度河流域的旁遮普和信德，犍陀羅國成為波斯帝國

圖27：犍陀羅時代的佛寺遺跡

的第 7 個州，旁遮普和信德成為波斯帝國的第 20 個管轄區。波斯帝國的政治制度和文化對包括犍陀羅在內的印度古國產生了重要影響。西元前 3 世紀建立的孔雀帝國的政治制度採納了波斯帝國的政治模式。西元前 330 年，馬其頓國王亞歷山大大帝打敗大流士三世後，進入比亞斯河流地區，從而帶來了希臘文化，但其影響並不大。

西元前 273 年，孔雀王朝的第三代國王阿育王繼位，建立了地域遼闊的帝國。他派遣僧人來白沙瓦地區傳播佛教，漸形成犍陀羅式佛教藝術。但在今天巴基斯坦境內，只征服了北旁遮普地區和印度河盆地，其餘地區並未包括在孔雀帝國版圖之內。孔雀帝國瓦解後，安息人、大夏人、大月氏人先後侵入次大陸。西元 1 世紀至 2 世紀，貴霜王朝的丘就卻（西元 15–45 年）和迦膩色伽（西元 78–101 或 102 年）入侵次大陸，版圖擴大到中亞和北印度大部分地區。犍陀羅成為貴霜

圖 28：彌勒菩薩　犍陀羅文化深受希臘文化影響，像是這尊彌勒菩薩的髮型與臉部輪廓，就十分類似希臘神話中的人物造型。

王朝的統治中心，首都布路沙布羅（即富樓沙，今白沙瓦）當建於此。玄奘《大唐西域記》稱犍陀羅「東西千餘里，南北八百餘里」。迦膩色伽崇信佛教，興修佛教寺院，建築廟塔、綜彙佛教經典和宣傳佛教哲學，使佛教在次大陸西北部和中亞地區盛極一時，從而對當地文化產生深刻影響。後貴霜勢衰，犍陀羅為厭噠人（即白匈奴）所有。

　　從西元 4 世紀笈多王朝到西元 13 世紀德里蘇丹國興盛的約 1000 年間，除旁遮普北部和印度河流域地區外，組成今天巴基斯坦版圖的其他地區基本上保持了其獨立地位。西元 1 世紀到西元 5 世紀的 500 年間，犍陀羅藝術處於繁榮時期。犍陀羅藝術是巴基斯坦最為寶貴的文化遺產。其分佈地區有今天巴基斯坦的白沙瓦盆地和斯瓦特、布尼爾、巴焦爾地區。它是印度文化、佛教和希臘—羅馬雕塑藝術互相交融的產物。在其早期階段，犍陀羅藝術得到偉大的庫山統治者卡寧什喀的支持和鼓勵。而這時絲綢之路正經過白沙瓦和印度河流域，絲綢之路商業的繁榮帶動了該地區經濟和文化藝術的發展。

第六章
伊斯蘭教王朝的建立

第一節　伊斯蘭教的傳入

　　阿拉伯人自古重視商業。根據古代歷史學家的說法，阿拉伯人不是掮客，便是商人。所以，很早的時候，阿拉伯商人便在海灣、阿拉伯海及至印度西部沿海地區進行商業活動。另一方面，南亞次大陸居民在印度河流域文明時代便與西亞有貿易往來。到西元 5 至 7 世紀，隨著生產力提高，商品經濟在次大陸城市和沿海地區有了進一步發展。南印度商人與波斯灣和阿拉伯半島的海上貿易發展起來。但是，阿拉伯商人和波斯商人幾乎壟斷了印度與西方的海上貿易，他們運去阿拉伯半島所產的馬匹、武器，運回印度的棉織品、香料、稻米和其他工藝品等。南印度沿海是阿拉伯人與中國東南亞地區貿易的海上必經之地。通過貿易往來，阿拉伯商人開始迷戀富饒的東方。在印度沿海地區開始出現少數阿拉伯移民。

　　西元 8 世紀，由於阿拉伯帝國內亂，一批逃難的伊拉克難民，在印度南部沿海登陸後定居下來。後來有阿拉伯商人、波斯商人陸續到沿海定居。這些外來移民與印度居民相處和睦，並與當地婦女通婚，

同時把伊斯蘭教帶到印度，形成混血的穆斯林後裔。據說今天印度南部巴勒馬爾沿海地區的毛普拉赫穆斯林社團，便是阿拉伯商人的後裔，他們也許是最早在印度建立起來的穆斯林居民體。

伊斯蘭教在印度次大陸的廣泛傳播和次大陸居民大規模皈依伊斯蘭教，是靠阿拉伯人和中亞地區穆斯林王國的征服活動完成的。早在 7 世紀中葉哈里發歐麥爾當政時期，穆斯林冒險家們便對印度西部沿海發動進攻。因哈里發歐麥爾制止，這類進攻未繼續。711 年，倭馬亞朝將領穆罕默德・伊本・卡西姆從巴士拉沿海攻入印度河下游。712 年征服信德南部地區，713 年征服海德拉巴。之後，他又揮師北上，直抵木爾坦。信德和旁遮普北部地區被置為行省，劃入伊拉克總督轄區。當地不信伊斯蘭教的居民要向征服者交納人丁稅。穆斯林軍退出後，印度河流域又被併入阿拔斯哈里發帝國的版圖。後來一度成為從阿拉伯半島和伊拉克逃亡到這裡的卡爾馬特派所有。隨著信奉伊斯蘭教的外族的不斷入侵，次大陸西北部的信德和旁遮普地區成為印度最早接受伊斯蘭教的地區。

繼阿拉伯人之後，信奉伊斯蘭教的中亞突厥人和廓爾人侵入印度次大陸西北和北部地區，並建立政權，從而為伊斯蘭教在次大陸的進一步傳播發揮了重要作用。西元 962 年，原薩曼王朝的喀布爾總督阿爾普提金在阿富汗東部加茲納建立伽色尼王朝（962–1186 年）。伽色尼人屬於伊斯蘭教素尼派，為了與什葉派布維希王朝抗衡，伽色尼王朝在名義上承認阿拔斯哈里發的宗主地位。西元 977 年沙普克提金繼位後，開始對次大陸發動進攻。到其子馬赫茂德（977–1030 年）執政時期，先後 17 次發動「聖戰」，侵入信德地區，並以武力在該地區傳播伊斯蘭教。許多印度封建主為了保護既得利益，紛紛改奉伊斯蘭教，逐漸與定居的突厥人、阿富汗人通婚，成為印度穆斯林社團的主體。

第二節　更迭頻繁的政權

對伊斯蘭教在次大陸的傳播起了重要推動作用的是廓爾王朝（1151-1206 年）。廓爾人原為阿富汗中部屬於伊朗語族的一支山區部族人，11 世紀為伽色尼王朝征服，其統治家族改奉伊斯蘭教。1150 年，廓爾人攻佔伽色尼王朝首府加茲納，1186 年，攻滅伽色尼王朝，奪取伽色尼人在印度西北部的領地，並向朱木拿河和恆河流域擴散，進而佔領比哈爾和孟加拉，建立了從裏海一直沿伸到孟加拉的國家。伊斯蘭教從此深入到印度次大陸腹部。1192 年，廓爾人攻佔德里等重鎮，先後推翻比納斯、拉吉普特等印度教王國。在對外征戰中，廓爾王朝各將領權力不斷膨脹，1206 年，奴隸出身的庫布丁·阿尤伯克自立為蘇丹王（1206-1210 年）。同年，廓爾王朝被中亞的花剌子模所滅。

庫布丁·阿尤伯克建立德里蘇丹國以後的 300 多年裡，在德里統治的先後共有 6 個王朝，歷史上統稱為德里蘇丹國（1206-1526 年）。因王朝的前 3 個君主是來自阿富汗的突厥奴隸，歷史上又把他們所建立的政權稱為奴隸王朝。另外幾個王朝分別是哈爾吉王朝（1290-1320 年）、圖格魯格王朝（1320-1413 年）、賽義德王朝（1414-1451 年）、洛迪王朝（1451-1526 年）。在奴隸王朝統治時期，從孟加拉到喀布爾的整個北印度確立了穆斯林的統治。由於奴隸國王重視部下的才能，而不考慮其出身，所以，許多出身卑微的人擔任高級官職。社會中形成平等新秩序，這對當地印度種姓制帶來了衝擊。穆斯林統治者也重用印度籍人，給予他們公民權；開辦學校，聘請外籍教師；興建清真寺。

1290 年，土耳其人首領加拉魯丁·哈爾吉奪取蘇丹的權力和稱號，建立哈爾吉王朝。哈爾吉執政後不久，成功地擊退蒙古人的進攻，維護了穆斯林統治。此後，其女婿阿勞丁繼任蘇丹（1296-1316 年）。阿勞丁不僅多次成功地擊退蒙古人的進攻，而且還征服了古吉拉等王

國、米瓦爾王國、霍耶沙拉王國,從而將德干高原納入了穆斯林統治版圖。阿勞丁執政時期,其影響達及整個印度。他建立了獨裁專制,不允許伊斯蘭教法官干涉政治事務;改革行政;建立秘密警察部隊;禁止飲酒;禁止私人囤積糧食;正式推行口糧定量制度,固定食品價格;建立正式軍餉津貼制度;確定土地稅。阿勞丁是印度穆斯林統治者中著名人物,為史家所稱讚。但是,在穆巴拉克執政時期(1316–1320年),國勢衰微,穆巴拉克為其部下所殺。

圖格魯格王朝為齊亞蘇丁所創建。齊亞蘇丁在其短短 6 年執政期間,征服德干北部瓦蘭加爾,1324 年又征服東孟加拉。1325 年其子穆罕默德・圖格魯格繼位(1325–1351 年)。他通曉哲學、邏輯、形而上學、數學、天文學,同時,他又是一位偉大的軍事統帥。他派兵征伐今尼泊爾,並企圖征服阿富汗、呼羅珊和中亞。他打敗了蒙古人的進攻。執政時發行象徵貨幣,具有金銀貨幣面值的銅錢在境內流通,甚至還發行紙幣。繼任人菲魯茲・圖格魯格時期,國勢一度強大,但未能維持多久。1398 年,帖木兒率領蒙古大軍像一股颶風似地席捲了旁遮普,穿過德里和米魯特,沿著一條環繞北部山區的路線返回。帖木兒以征服為榮,所到之處,屍骨遍野,慘不忍睹;凡是反對他的,皆不能赦免。但帖木兒大軍未進攻木爾坦和拉合爾總督吉德爾・汗・賽義德。賽義德王朝由吉德爾・汗創立。吉德爾・汗自稱是先知的後裔,所以他的王朝稱為賽義德王朝。賽義德王朝統治時間短,版圖更加狹小,僅限於首都德里周圍地區。

賽義德王朝統治末期,與德里的阿富汗和突厥貴族間的矛盾激化。1451 年,阿富汗洛迪部落酋長、駐錫爾欣德和拉合爾總督巴赫魯爾汗奪取王位,建立洛迪王朝。洛迪王朝統治時期,國勢更加衰弱,北部分裂為孟加拉、克什米爾、馬爾瓦、古吉拉特四個蘇丹國,彼此混戰不休。1517 年洛迪王朝發生內亂,帖木兒的後裔巴卑爾乘機入侵,1526年,率軍攻佔德里,歷時 3 個多世紀之久的德里蘇丹國宣告結束。德里蘇丹國統治階層均為來自異族的封建領主,他們在種族、文化傳統

和宗教信仰上與當地居民不同。統治者從中亞、波斯和阿富汗的異族中招募大批雇傭軍，作為政權的支柱。穆斯林把持著國家的高級官職，印度教徒處於被統治地位，但是伊斯蘭教遭到印度教封建主的強烈反對。

隨著德里蘇丹國衰落，許多獨立的小王國在印度各地相繼建立。在這些小王國中，除次大陸南部的維加亞納加爾王國和東南部的拉吉普特小王國外，其他小王國都是穆斯林統治的蘇丹國。在蒙兀兒帝國興起以前，幾乎整個印度都掌握在穆斯林手裡。這一時期，重要的蘇丹國家有以下 7 個，其中最強大的是巴曼尼穆斯林王國。

西元 1347 年，波斯人哈桑以阿布爾・穆柴法爾・阿拉－烏德－丁・巴曼沙的名號稱王，建立了巴曼尼王國。定都於古爾巴加，後遷至比達爾。巴曼尼蘇丹國與印度南部的印度教王國維加亞納加爾、格爾康達等多次發生戰爭。先後吞併了喀喀迪耶和瓦蘭加爾等地區。巴曼尼王國重視和伊斯蘭世界的交往，它是次大陸最先與鄂圖曼土耳其帝國互派使節的國家。大批伊拉克人、波斯人、中亞各民族人和阿拉伯人湧入該王國，並在朝廷中有較高地位。由於外族伊斯蘭封建上層與德干地區本地王公貴族形成兩個派系集團，互相爭奪，國勢日衰，巴曼尼王國分裂為比加普爾、阿赫默德納加爾、格爾康達、比拉爾和比達爾 5 個蘇丹國。這些小蘇丹國中個別存在的時間很長，一直到 17 世紀末葉。

馬爾瓦蘇丹國（1401–1531 年），位於中印度，由原德里蘇丹國總督迪拉瓦汗・戈里創建。其子阿爾普汗攻佔奧里沙王國和卡爾拉王國。1436 年，大臣馬茂德汗篡奪王位，建立卡爾吉蘇丹國，1531 年為古吉拉特蘇丹國吞併。

坎德什蘇丹國（1370–1601 年），位於德干高原北部的塔普蒂河谷。由馬立克・拉加創建。坎德什蘇丹國曾一度繁榮昌盛，但因幅員狹小，資源貧乏，1601 年為古吉拉特蘇丹國所滅。

江普爾蘇丹國（1394–1479 年），位於今印度北方。由奴隸將領馬

立克·沙瓦爾創建。版圖曾達北部的瓜利奧爾、南部的奧里薩、東部的孟加拉。江普爾蘇丹國曾自鑄貨幣，國力強大。伊斯蘭文化高度發展，宮廷中有許多伊斯蘭學者和文人。國內建有許多頗具特色、精美壯觀的清真寺。

古吉拉竺蘇丹國（1391–1583 年），位於印度西海岸。由札法爾·沙赫創建。其版圖最大時，西起阿拉伯海，東到曼都，北抵拉其普特，南至坎德什。多次與周圍印度教王國作戰，並吞併坎德什、馬爾瓦等蘇丹國。由於伊斯蘭政權強大，許多印度教封建主和低級種姓的印度教徒皈依伊斯蘭教。蘇丹國後為阿克巴大帝所滅。

孟加拉蘇丹國（1336–1576 年），位於今孟加拉。由阿勞丁·阿里和法魯丁·穆巴拉克創建，後由伊爾亞斯·沙統一。孟加拉蘇丹國統治長達 200 多年。伊斯蘭教影響深入人心，每年有大批低級種姓的印度教徒皈依伊斯蘭教，廣大農村穆斯林社團人數激增，孟加拉是次大陸伊斯蘭教程度最高的地區之一。

克什米爾蘇丹國（1346–1589 年），由帕坦族的沙赫·米爾札·斯瓦提建立。國家對信奉異教的印度教居民實行寬容政策，不干涉印度教社團內部事務。只有希坎達爾·沙執政時，不能容忍印度教徒的偶像崇拜，大肆迫害印度教徒，因而有「偶像破壞者」之稱。但是，他注重伊斯蘭教育，興辦了許多學校，許多來自中亞、西亞和兩河流域的穆斯林難民和宗教學者來到這裡，從而增強了伊斯蘭教的影響。克什米爾蘇丹國後被蒙兀兒人征服。

蒙兀兒帝國（1526–1857 年）是繼德里蘇丹國後興起的強大穆斯林帝國。1526 年，帖木兒六世孫、原喀布爾蘇丹國國王巴卑爾，親率大軍南下開伯爾山口，在班尼帕特大敗洛迪王朝軍隊，佔領德里、阿格拉等地，成為印度主人。從此四分五裂的印度各蘇丹國由巴卑爾所統一，形成強大的蒙兀兒帝國。巴卑爾及其子胡馬云，東征西討，打敗了周圍強大民族。阿克巴統治時期（1556–1605 年）實行一系列改革，對內建立郡縣制，加強中央集權，改革稅制，實行貨幣地租。這

些措施對社會經濟發展起了促進作用；同時，任用印度教封建主，緩和宗教矛盾。他對外擴張領土，帝國疆域東起阿薩姆，西達阿富汗東隅。至奧朗則布統治時期（1658–1707 年），因與印度教封建主矛盾尖銳，恢復迫害印度教徒政策，向印度教徒徵收人頭稅，下令拆毀異教徒的寺院和學校，禁止印度教徒坐轎、騎象和攜帶武器。因此，與印度教徒矛盾進一步激化，馬拉塔人和錫克教徒起義，加

圖 29：羅赫達斯要塞　　1541 年北方的部族被胡馬云打敗後建立了一座堅固的軍事要塞，要塞的主體由 4 公里長的城牆所組成。

之英國殖民主義者的入侵，帝國國勢開始衰微，最後統治者巴哈杜爾·沙二世在 1857 年民族大起義後，被英國殖民者當局放逐。長達 3 個世紀的蒙兀兒帝國遂告結束。

第三節　根深蒂固的信仰

一系列穆斯林王國的建立，為伊斯蘭教在次大陸的廣泛傳播創造了最重要前提，同時又為伊斯蘭教在次大陸的發展和當地居民的伊斯蘭化起了推動作用。但是，由於各穆斯林王國統治者大多數不直接介入宗教事務，例如圖格魯格王朝和蒙兀兒帝國時期頒佈和實施的伊斯蘭教法，除刑事法外，僅適用於穆斯林社團。所以，次大陸伊斯蘭教的發展和當地居民的伊斯蘭化進程較之西亞、北非、中亞地區居民的伊斯蘭化要緩慢。

從西元 8 世紀伊斯蘭化開始到西元 16 世紀初伊斯蘭化初步完成，共經歷了 800 多年。在這期間，從中亞、波斯、阿拉伯等地進入印度次大陸的穆斯林商人、伊斯蘭教法官和傳教師分 3 個時期和 3 條路線進行。8 世紀初自印度西北部邊界進入的阿拉伯人及其後裔，主要聚

居在信德和旁遮普地區；10世紀以後從北部邊界進入的阿富汗、突厥和波斯的穆斯林王公貴族和軍隊將士及其後裔，主要居住在印度北部和中部德干地區；最後是由海路進入印度的波斯、阿拉伯穆斯林商人和傳教師的後裔，主要居住在西部沿海地區。這些外族穆斯林社團，除在旁遮普較集中、人數較多外，其他地區人數都有限。大部分印度居民皈依伊斯蘭教的時間，集中在13-15世紀，而且帶有明顯的地域差別特點。

克什米爾、信德、孟加拉、德干4個地區皈依伊斯蘭教的印度居民人數最多，伊斯蘭化程度最深。克什米爾的穆斯林大多數是從印度教和佛教改奉伊斯蘭教的。據說在14世紀初，受蘇菲傳教士的影響，克什米爾統治者沙德爾丁成為第一個穆斯林蘇丹。14世紀末，波斯人賽義德‧阿里因不滿帖木兒的統治，率領700多人，逃到克什米爾。他們在各地設立道堂，向當地居民佈道，從而發展了大批信徒。15世紀末，從伊拉克來的什葉派傳教士米爾‧沙姆斯，為克什米爾伊斯蘭化運動作出重大貢獻。蒙兀兒帝國時代，克什米爾被置為行省，許多宗教學者到這裡建立清真寺，傳佈伊斯蘭教經言。到1947年印巴分治時，克什米爾土邦內的穆斯林佔居民總數的77%，印度教徒僅佔20%。

信德地區當地居民的伊斯蘭化頗具特色。從中我們可以進一步瞭解到商業在阿拉伯人和伊斯蘭教中的重要地位。商業活動是促進信德地區伊斯蘭化的重要經濟原因。穆斯林軍隊征服信德後，控制了信德與中亞、錫蘭、中國和印度其他地區的商業通道。印度商人為了保護自己的商業利益，擴大商業貿易規模，需要和阿拉伯穆斯林商人建立友好合作關係，同時得到穆斯林王朝的保護，所以，他們中很多人改奉伊斯蘭教。伊斯瑪儀派傳教師對當地居民皈依伊斯蘭教，發揮了重要作用。1067年也門傳教士阿布‧阿拉和11-12世紀阿拉穆特傳教師奴爾丁來到古吉拉特等地傳教，大批低級種姓的印度教徒改宗伊斯蘭教。為了吸引印度教徒入教，傳教師們竭力宣傳伊斯蘭教與印度教的一致性，以獲得印度教徒的認可。另一位著名傳教師是15世紀到信德

傳教的沙德爾丁，他向印度教徒宣傳說，穆罕默德就是印度教的婆羅門，先知的女婿阿里是毗濕奴的化身，阿丹即為濕婆。這種融合印度教教義和禮儀習俗的新教義，迎合了印度教商業階層的需要，因而這一教義很快傳到喀拉蚩、古吉拉特和孟買等沿海城市，後來形成了兩個頗有影響的以城市商人為主體的霍加教派和波哈拉教派。

　　孟加拉是當時伊斯蘭教流傳最廣泛的地區，今天孟加拉居民中有85%的人信奉伊斯蘭教。從12世紀末被德里蘇丹國征服後，孟加拉長時期處在伊斯蘭王朝的統治下。當地的印度封建主為了維護既得利益，紛紛皈依伊斯蘭教。尤其是到蒙兀兒帝國統治時期，大批印度教的王公貴族被迫入教，以避免自己的財產被政府沒收。奧朗則布時期曾頒佈一項法令，規定無力納稅的印度教官吏和地主，必須全家加入伊斯蘭教；因違背印度教清規戒律的高級種姓，有部分不得不加入伊斯蘭教，以求得庇護。這些規定迫使許多印度教封建主改宗伊斯蘭教。另外，廣大土著居民和低級種姓，尤其是首陀羅和賤民階級，因不堪忍受印度教高級種姓的歧視和迫害，也加入了宣揚在真主面前人人平等的伊斯蘭教。

　　伊斯蘭教在次大陸居民中廣泛傳播，主要應歸功於烏里瑪的佈道活動和蘇菲教團的傳教活動。蘇菲傳教師受過神秘主義教義的專門訓練，生活方式和宣傳的樸素信仰接近下層群眾，在他們的感召下，有大批本地居民入教。另外，蘇菲傳教師多採取秘密方式佈道，便於在群眾中開展工作，許多印度教徒改宗伊斯蘭教後，因不敢公開身分，成為秘密信徒。另外值得一提的是納格西班迪教團和瓦利烏拉學派。它們對伊斯蘭教在次大陸的發展起了推動作用。前者鑒於阿克巴的折衷主義和對異教徒的寬容政策，提出要以利劍來弘揚伊斯蘭教，極力抨擊阿克巴的宗教政策。後者的興起是由於蒙兀兒帝國解體後，統一的穆斯林社團變得四分五裂的情況下，一批傳統宗教學者希望重振宗教道德，復興正統宗教教義，恢復伊斯蘭的各項制度。其創始人是謝赫・瓦利烏拉。該學派是近代印度伊斯蘭教界最有影響的思想學派之

一。它的發展為伊斯蘭教在次大陸的復興產生了重要影響。19世紀初，它終於導致旨在復興正宗信仰的聖戰者運動。伊斯蘭教對印度教本身的革新也產生了重要影響。

　　伊斯蘭教對印度次大陸帶來了巨大衝擊，產生了深遠影響。伊斯蘭教給次大陸帶來的不僅是一種新的宗教，而且是一種新的文明、一種新的生活方式和一整套新的價值觀念。持續了1000多年的穆斯林王朝統治，為伊斯蘭藝術、文學、文化在次大陸的發展提供了重要前提。借用阿拉伯語、波斯語中許多詞彙、習俗，並在歷史發展中逐漸形成新的語言——烏爾都語，為次大陸廣大穆斯林所使用。烏爾都語今天成了巴基斯坦的官方語言。伊斯蘭教和烏爾都語成為次大陸穆斯林民族維持自己特徵的重要源泉。

Pakistan

第IV篇
近代以來的巴基斯坦

第七章
十九世紀的穆斯林怒吼

第一節　英國人的統治和穆斯林的抗爭

　　蒙兀兒帝國的衰落，為西方殖民主義者提供了可乘之機。早在 16 世紀初，葡萄牙殖民者便在印度西海岸的果阿、達曼等地建立殖民據點，獨佔了印度與西方的海上貿易，掠奪印度財富。隨後荷蘭、法國、英國相繼侵入。英國利用東印度公司，擴大對印度的侵略。從 17 世紀開始，英國憑藉其軍事優勢，逐步在印度取得統治地位。英國東印度公司先後侵佔馬德拉斯、孟買、加爾各答，建立受英國控制的三個總督轄區。18 世紀中葉，英軍攻佔孟加拉比哈爾、奧里薩等地。1773 年，英國國會通過《東印度公司管理法》，由國會委任總督，全權管理英屬印度全部領土，並逐步接管東印度公司在印度的權力。1784 年，英國國會通過《改善東印度公司和不列顛印度領地行政法》，英國殖民政府從此在法制上完成對印度的統治，印度完全淪為英國殖民地。

　　為了進一步控制印度，掠奪更多的財富，英國殖民政府不斷強化其統治。在政治上，直接派出英國人擔任殖民政府、軍隊要職，建立英國式政治制度，使印度的政治統治歐洲化。同時，不斷製造並擴大

不同民族、部落、種姓和宗教之間的矛盾，以達到分而治之的目的；
收買印度大小封建主。在經濟上，改變原有土地制度，實行新的田賦
制度；迫使印度成為英國資本主義原料產地和產品銷售市場。在思想
文化和教育領域，引進西方思想意識形態和價值觀念。1837 年，英國
殖民當局取消伊斯蘭法律、法院，取消波斯語的官方語言地位。1861
年，以英國法律為基礎制定的新的刑法典生效；採用英國的訴訟程序
和司法基本原則。以英語為法庭和官方的語言，波斯語被取代。全印
度的政府公職人員、律師、商業及專業人員，為了工作不得不學習英
語和西歐國家的文化。印度教徒因 1000 多年來受伊斯蘭教的影響和穆
斯林王朝統治，對於異己的文化較易於接受，並能與自己的傳統融合
起來。而穆斯林則因遭受西方殖民者的入侵，從歷史上的統治者變為
受奴役和被統治者，加之，次大陸伊斯蘭文化、宗教初次遭遇現代西
方文化，具有強烈的排他性，所以穆斯林拒絕接受英國文化。1835 年，
班廷克在印度採用西方教育時，加爾各答等地的穆斯林要求取消這個
教育法令。穆斯林堅持學習和使用阿拉伯語，拒不學習英語和西方科
學技術。因此，在印度高等學校中學習的印度教徒遠遠超過穆斯林學
生。從 1881 年到 1888 年，在英語學院學習的穆斯林只佔學院學生總
人數的 3.6%；從 1858 年到 1898 年，有 15081 名印度教徒獲得學位，
同期獲得學位的穆斯林只有 546 人；從 1858 年到 1878 年間，在加爾
各答大學畢業的 3155 名畢業生中，只有 57 人是穆斯林。穆斯林越是
抵制西方教育和科學，他們在英國統治印度的殖民政府中就業的機會
就越少。以孟加拉為例，中上層穆斯林喪失了在警察廳、法院、地方
行政機構、稅務機構及軍隊中的傳統地位。從 1852 年到 1868 年間，
加爾各答法院批准的 240 名律師中，只有 1 人是穆斯林；訂立契約的
印度文官或高等法院法官中沒有一個是穆斯林；政府任命的 1338 名孟
加拉省官員中，只有 92 人是穆斯林。

　　西方殖民者的入侵和英國殖民者的殘酷統治，遭到印度人民，尤其是廣大穆斯林的強烈反抗。19世紀中期，印度社會各階層都在秘密醞釀反英起義。許多印度籍士兵加強聯繫，秘密聚會，準備發動起義。不滿英殖民統治的土邦王公，也在進行反英宣傳。馬拉特王公那那‧薩希布等，派遣使者奔走聯繫，密謀發難。一些著名的伊斯蘭學者，如阿赫默德‧沙，深入群眾，在一些城市，經常有成千上萬的群眾聽他的演講。他還用印度百年來亡國的歷史激發人們的愛國熱情。1857年初，英國殖民者發下了一種用塗有牛脂和豬油的紙包裝的新子彈，使用時要用牙咬開。信奉印度教和伊斯蘭教的士兵認為這是對他們宗教信仰的侮辱，極其憤慨。印度教士兵手捧恆河水，伊斯蘭教的士兵面對《可蘭經》，發誓要摧毀英國的殖民統治。5月10日，起義爆發，

圖30：德里大起義路線圖

圖 31： 德里大起義

並在次日攻佔德里。起義者擁立原蒙兀兒王朝末代皇帝巴哈杜爾·沙
為印度皇帝。起義者號召印度教徒和穆斯林消除分歧，團結一致，共
同參加聖戰，打敗英國殖民者。

在這次人民大起義中，廣大穆斯林，包括穆斯林上層分子積極參
加，對起義爆發和隊伍的壯大發揮了重要作用。起義對英國殖民者是
一次沉重打擊。當時英國的評論家曾將 1857 年的印度人民大起義稱為
「穆斯林的暴亂」。起義失敗後，穆斯林成了英國殖民者的主要鎮壓對
象，他們被看成是基督教和英國的天生敵人。英國人徹底打垮了徒具
虛名的蒙兀兒王朝，徹底破壞了穆斯林在北印度建立的政治上層結構
和穆斯林過去 1000 多年所享有的特權。穆斯林希望在北印度恢復政治
權力的努力失敗了，挫折和失望籠罩著整個穆斯林社會。

第二節　伊斯蘭教在印度次大陸的復興

為抵制西方思想文化和價值觀念，在瓦利烏拉學派的影響下，終

於爆發了旨在復興伊斯蘭正統信仰的聖戰者運動。瓦利烏拉之子阿布杜·阿齊茲的學生賽義德·阿赫默德領導了這次運動。賽義德·阿赫默德根據《可蘭經》編著的《正道》和沙赫·伊斯瑪儀撰寫的《信仰之堅振》為這次運動奠定了思想基礎。這兩部著作繼承瓦利烏拉學派傳統，繼續堅持正統教義，以先知的神秘體驗行教。運動領導人深入印度北部的城鄉穆斯林大眾，積極佈道傳教，吸引了眾多的追隨者。在佈道中，他們強調伊斯蘭教的一神教義，呼籲僅以經訓為信仰基礎，號召清除崇拜聖徒、聖墓，忽視宗教戒律，以及朝拜印度教神祇、聖地，呼喊印度教口號等一切違反教義和禮儀的外來習俗。

聖戰者運動提出，要在英國或其他異教徒佔領下的印度國土，建立理想的神權政體，而實現的方法是聖戰。聖戰者運動，以村莊為基地，在非穆斯林統治區廣泛建立聖戰者組織，委任清真寺的教長宣傳伊斯蘭教義；還設立伊斯蘭教法庭，在穆斯林居民中間實施《伊斯蘭教法》。聖戰者運動領導人選定印度西北邊境錫克教徒的聚居區為聖戰的戰場，希望獲得帕坦族人的支持。1830年，賽義德·阿赫默德宣佈對錫克教徒舉行「聖戰」，一度攻佔白沙瓦，並在那裡建立一個神權政權，但在錫克教徒的反擊下，運動不久宣告失敗。1831年，聖戰者兵敗於巴拉科特，賽義德·阿赫默德死於戰場，聖戰者運動至此結束。

聖戰者運動失敗後，伊斯蘭復興運動繼續發展。19世紀中葉，這一運動大體可以分為兩大派。其一是1867年在北方邦德歐班德建立的德歐班德學院派，創始人為毛拉納·卡南姆·維洛特維。參加者主要有傳統的伊斯蘭學者和反對英國殖民者的統治和基督教的民族主義者，該派主張伊斯蘭教是由穆罕默德開創的尚未完成的社會運動，因此穆斯林要不斷淨化非伊斯蘭教對人們信仰的褻瀆；結束什葉派和素尼派之間的對立和衝突，團結一致反對英國殖民者的統治和基督教在次大陸的傳播，以改變穆斯林所處困境；為了維護在印度社會中處於少數派地位的穆斯林的利益，主張在統一和自由的印度內保護穆斯林的利益和安全。德歐班德學院的教學內容和管理不受政府約束，也不

接受富人贊助，學生和教師都過著艱苦樸素的生活。學院培養了一大批正統穆斯林領導人和學者，在穆斯林世界產生了重要影響，成為當時世界穆斯林僅次於開羅艾茲哈爾第二個重要理論中心。

另一派以阿利加爾學院為中心，他們不僅反對英國殖民者對印度的統治和基督教的入侵，而且主張穆斯林社會要現代化，以適應變化的新時代，迎接挑戰。1830 年代，德里先進穆斯林知識分子，用烏爾都語翻譯出版了西方科學技術文獻，從而開始了穆斯林社會和思想現代化進程。1856 年 1 月，法茲努爾·拉赫曼在加爾各答成立「全國穆斯林協會」，以協調穆斯林和英國人的關係。1863 年 4 月，納瓦布·阿卜杜爾·拉蒂夫在加爾各答又成立「伊斯蘭教學會」。學會宗旨是喚醒「穆斯林對西方文化和進步的關心」，提醒統治者重視穆斯林「在教育、立法等方面的需要以及其他和穆斯林利益有關的問題」。這一穆斯林派別在 19 世紀後半期最重要的領袖是賽義德·阿赫默德汗（1817–1898 年）。他所領導的現代主義運動，後來成為印巴次大陸伊斯蘭教世界最有影響的社會運動之一，對穆斯林社會的文化、教育、宗教和政治等方面產生了重大影響。

賽義德·阿赫默德汗出身於德里的一個封建貴族之家，父親為伊斯蘭遁世者，母親是蒙兀兒帝國宰相之女。青年時代，因家道衰落，曾在英國東印度公司供職。同時，他仍與名存實亡的蒙兀兒皇帝保持著聯繫。印度民族大起義時期，他為英國殖民者效力，因營救英國殖民官員有功，被英王封為爵士。民族大起義失敗後，他成為印度穆斯林的領袖。他對英國女王宣佈大赦表示感謝。阿赫默德汗的政治生涯可分為三個時期。1859–1870 年期間，他極力緩和印度穆斯林對英國統治的敵對情緒，號召穆斯林與英國人合作，服從英國人的統治；1871–1884 年的 14 年間，他不僅支持英國人的統治，讚美英國在印度的統治是「迄今世界上最美好的現象」，而且強烈譴責泛伊斯蘭主義和哈里發運動，認為這是危險的「政治冒險」。1887–1898 年為他政治生涯第三個時期。在這一時期，他為巴基斯坦國家的出現作了理論上的

闡述。他認為次大陸穆斯林人數較少，文化落後，政治不成熟，經濟貧困，應在印度國民大會黨之外單獨成立自己的政治組織。

　　阿赫默德汗為改變傳統的伊斯蘭教育，作出了不懈努力，並取得了重大成就。這是他所領導的現代主義運動的重要內容。他認為印度穆斯林受奴役、受剝削的根本原因是文化落後和愚昧無知，要改變這種局面的唯一出路是穆斯林受教育和提高文化素質。早在 1859 年，他就提出必須放棄反對學習西方科學知識的立場，提倡以英語為教學語言。1864 年，他發起成立了科學學會，向印度穆斯林知識界介紹西方科學。同年，又在加齊普爾創建一所現代伊斯蘭學校。1868 年，在印度北部地區，由他倡議建立了幾個穆斯林教育委員會。另外，他以英國劍橋大學為藍圖，制定了成立盎格魯－伊斯蘭東方學院計劃。1878 年，盎格魯－伊斯蘭東方學院（後改為阿利加爾穆斯林大學）正式成立。學院摒棄宗教派別矛盾，招收素尼派、什葉派穆斯林，同時還招收一定數量的印度教徒學生。學院注重解放思想，發展人文科學，培養科學的實證觀和實用主義的政治才幹，以造就一批新一代的穆斯林知識精英。學院為印度穆斯林分離主義運動培養了大批領導骨幹，從而對印度穆斯林政治分離主義運動和巴基斯坦建國運動產生深遠影響。所以，有人說，「獨立自主的巴基斯坦民族正是誕生於阿利加爾穆斯林大學」。1886 年，為在印度穆斯林中普及西學，阿赫默德汗成立了伊斯蘭教大會（1890 年改名為伊斯蘭教教育會議）。該組織以烏爾都文翻譯、出版了大量西方科學著作，並要求以烏爾都語為學校的第二教學語言。該教育會議組織不僅討論教育問題，而且也討論一些印度穆斯林地位等政治問題。伊斯蘭教教育會議實際上是全印穆斯林聯盟的前身。

第三節　兄弟鬩牆與全印穆斯林聯盟的成立

　　「兩個民族」理論是指印度次大陸的印度教徒和穆斯林是兩個民

族，印度應分治為兩個民族國家，給兩個民族以單獨的祖國。「兩個民族」理論是巴基斯坦獨立運動的理論基礎。「兩個民族」思想的形成經歷了三次飛躍。1883 年賽義德‧阿赫默德汗第一次提出印度教徒和穆斯林是兩個民族；1930 年伊克巴爾則提出在印度建立一個「統一的穆斯林國家」；1940 年真納系統闡述了「兩個民族」理論。從「兩個民族」理論的產生到巴基斯坦的建立，其間經歷了大約一個世紀。在這期間，全印穆斯林聯盟將理論付諸實踐，並最終完成了次大陸穆斯林建國任務。「兩個民族」理論的產生與印度教徒和穆斯林在宗教信仰、歷史文化傳統上的差異有關，但其直接原因是近代以來英國的殖民統治。

印度教與伊斯蘭教在教義、教規等方面存在很大差異。印度教以等級森嚴的種姓制度為其宗教和社會基礎，而伊斯蘭教則主張在真主面前人人平等；印度教信奉多神，伊斯蘭教主張「除真主外，別無神靈」；印度教以牛為聖物不准宰殺，伊斯蘭教忌食豬肉而食牛肉。所以，兩大教派教徒之間經常發生矛盾和衝突。伊斯蘭教從外部傳入次大陸的過程中，進行了一系列征服戰爭；穆斯林王朝建立後，穆斯林統治者對印度教徒的壓迫和奴役，進一步加劇了兩大教派的矛盾。但是，在兩大教派教徒相處的 1000 多年裡，儘管有不少的矛盾和衝突，並沒有出現根據兩大宗教來區分的民族理論。

近代民族理論和民族國家是在資本主義產生以後出現的。英國殖民者在次大陸的殖民統治，對次大陸的思想文化產生了重要影響。一部分覺悟較早的資產階級知識分子為建立民族獨立國家而奮鬥。加之，英國殖民統治者利用宗教矛盾，實行「分而治之」的政策。這一政策的具體表現就是「拉印壓穆」。在英國殖民者看來，「只要廣大印度教徒對我們滿意，一部分伊斯蘭教徒的不滿就不足以形成一股強大的力量來反對（東印度）公司政府」。打擊本來就處於劣勢的穆斯林，使印度教徒在經濟、政治、組織和文化等各方面的優勢地位進一步鞏固。形勢的發展迫使思想敏銳的穆斯林知識分子提出「兩個民族」理論。

　　關於語言問題的爭論對「兩個民族」思想的產生起了推動作用。1867 年，貝拿勒斯一些有勢力的印度教徒發起廢除在法庭使用波斯書寫體的烏爾都語，而代之以天成書寫體（即書寫梵語的一種字母）的印地語，最終使印地語成為政府承認的一種官方語言。這一要求促使穆斯林意識到，連他們引為驕傲的烏爾都語也處於危險之中。印地語和烏爾都語之間實際並無區別，經過長時期的語言交融，烏爾都語已演化為土耳其語、波斯語、巴沙語和印度其他地方的普拉克里特語的混合語。這種語言幾乎同時出現在旁遮普、德干高原和恆河平原，經過數世紀的發展，已比較完善。兩種語言存在的差異在於書寫形式不一樣；另外，印地語靠梵文構成複合詞，烏爾都語則以波斯語和阿拉伯語為其直喻、隱喻、暗示和成語，還作為他們的神話和民間傳說的表現形式，這些大都來源於穆斯林傳統。印度教徒以印地語代替烏爾都語實際上是拒絕穆斯林的文化傳統和思維方式。其結果在政治上表現為兩派分道揚鑣和衝突擴大。

　　賽義德·阿赫默德汗從語言之爭中認識到，穆斯林已不能和印度教徒一起作為一個單一的民族共同前進了。更使阿赫默德汗警醒的是聖社的創立。1875 年，達雅南德·薩拉斯瓦蒂在孟買創立了旨在反對伊斯蘭教的聖社，鼓動非印度教徒特別是原先信過印度教的穆斯林改信印度教。1882 年，薩拉斯瓦蒂又成立了護牛會，號召印度教徒反對伊斯蘭教徒和基督教徒，因為他們宰牛。1883 年阿赫默德汗在一次演講中第一次提出了「兩個民族」的思想。他認為，在英國人撤走後，印度穆斯林和印度教徒這「兩個民族」不可能和睦相處，共享同等的權利；兩大教派教徒將是你死我活，勢不兩立。兩個民族思想為全印穆斯林聯盟的成立作了輿論宣傳和理論準備。印度國民大會黨的成立進一步加深了兩大教派之間的矛盾，推動了全印穆斯林聯盟的成立。

　　1885 年 12 月，印度國民大會黨在孟買成立。國大黨要求擴大立法機構，主張省參事會成員應由當時有一定社會地位的人擔任，要求通過會考選拔政府各部各級行政單位的官員。國大黨的這些要求目的

圖 32: 賽義德‧阿赫默德汗　他在巴基斯坦民族
意識的形成與促進上有很大的貢獻。

是要擴大印度人的權力。穆斯林則認為，由於他們的教育水平低，不
可能在謀求政府職位上和印度教徒競爭，他們比印度教徒貧窮，不可
能成為受財產限制的選民。總之，如果國大黨的要求得到政府的採納，
穆斯林就可能長期地受人數眾多的印度教徒支配而處於被統治被壓迫
的地位。因此，賽義德‧阿赫默德汗、賽義德‧阿米爾‧阿利和納瓦
布‧阿卜杜爾‧拉蒂夫等著名的穆斯林領導人反對國大黨自稱的全民
性。1888 年，阿赫默德汗成立了印度愛國協會與國大黨對抗。

　　1890 年代，印度國大黨領袖提拉克利用印度教從事反對英國殖民
統治的鬥爭，這在客觀上是親印度教徒而疏遠穆斯林，從而加深了兩
大教派之間的裂痕。穆斯林對提拉克將被認為是反穆斯林的西瓦吉當
作全印英雄一事怒不可遏，加之英國殖民者從中利用，釀成了 1893 年
孟買反穆斯林的嚴重騷亂。

　　1905 年，寇松總督將孟加拉分為西孟加拉、東孟加拉和阿薩姆省，
東孟加拉穆斯林佔多數。穆斯林對這種分治表示滿意，但印度教徒反
對。寇松總督將反對穆斯林為主要內容的歌詞定為國歌。這是導致穆
斯林和印度教徒發生衝突的一個重要原因。為維護自己的政治利益，
穆斯林普遍感到必須有一個自己的政治組織。1906 年 12 月 30 日，穆
斯林領導人在達卡召開會議，成立了全印穆斯林聯盟。1908 年召開的

第二屆年會上，阿加汗被選為主席，賽義德·哈桑·比勒格拉米當選為聯盟秘書，在全國各重要地區幾乎都成立了聯盟的省縣支部。全印穆斯林聯盟的目的和任務是：1.促進印度穆斯林忠於英國政府的感情，消除對政府任何措施的用意所可能產生的誤解；2.保持和增進印度穆斯林的政治權利，鄭重向政府表達他們的要求和願望；3.在不損害本聯盟上述目的的情況下，防止印度穆斯林對其他社團產生敵對情緒。

　　全印穆斯林聯盟的建立是兩個民族思想的進一步發展，它標誌著有組織的穆斯林民族主義的出現。但是，和國大黨成立的初期一樣，穆盟把對英國殖民當局的忠誠作為己任，顯然是一個明顯的錯誤。穆盟建立後作的第一件事是要求設立「分區選舉」：地方的、省的和中央的參事會中穆斯林應有一定席位，分設穆斯林選區，由穆斯林選民選出。在莫利—明托 1905 年的印度參事會改革方案中，同意穆盟分區選舉的要求，國大黨則堅決反對。

第八章
現代巴基斯坦的誕生

第一節　同仇敵愾、共赴國難

　　20 世紀頭 10 年，帝國主義的矛盾進一步尖銳化，為了增強與德義日等帝國主義國家競爭的實力，英國政府強化對自己殖民地的統治。1910 年，英國殖民當局廢除孟加拉分治；1913 年又拒絕將阿利加爾的盎格魯－伊斯蘭東方學院升格為大學；另外，同年 7 月，坎普爾市政當局不顧穆斯林的強烈抗議，為加寬街道而拆毀坎普爾清真寺，引起流血事件。在國際上，為瓜分奧斯曼帝國遺產，1912 年，英國支持巴爾幹四個基督教國家進攻土耳其。印度穆斯林認為，這些事件是英國鎮壓穆斯林。因此，反英情緒再度高漲。為了適應變化的形勢，1913 年 3 月 23 日，穆斯林聯盟在勒克瑙通過了新的聯盟章程。新章程規定今後的工作是在英王的庇護下，和其他教派合作，以建成一個適合印度的自治制度。聯盟的這一奮鬥目標受到了普遍歡迎。

　　在這之前，曾是堅定國大黨人的穆罕默德‧阿里‧真納應邀參加了穆盟新綱領的制定，並成為一名正式的穆斯林聯盟成員。真納在這一時期，成為聯繫國大黨和穆盟的重要橋樑。穆盟綱領的改變為兩大

組織改善關係創造了重要條件。1915 年 12 月 30 日，印度民族獨立運動著名領導人莫罕達斯・卡爾姆昌德・甘地和另一名國大黨成員安尼・貝桑特等參加了在孟買召開的穆斯林聯盟年會。兩個政治團體的主要領導人，在兩黨的歷史上第一次共聚一堂，商討印度人民反抗殖民統治大事。經過協商，1916 年 10 月，19 位當選為帝國立法參事會成員的印度教徒和穆斯林，聯合向殖民當局呈送了一份備忘錄，提出了一個政治改進方案。11 月，穆盟和國大黨的代表又在加爾各答舉行了一次會議，雙方協商解決了有關立法機構的組成和兩大政治組織代表名額等問題。12 月召開的勒克瑙年會批准了 11 月達成的協定。這次聯盟年會由穆罕默德・阿里・真納主持，並為協定的形成做出了重要貢獻。真納認為，印度的真正進步，只有通過兩大教派之間誠摯的諒解和融洽的關係才能達到；印度人民應依靠自己的力量，完成自己的任務。這次年會達成的和解協議被稱為〈勒克瑙公約〉。這是英國統治印度次大陸時期兩大教派達成的第一個協定。國大黨和穆盟一致同意大省立法參事會的成員應有 125 人，小省應有 50 至 70 人。4/5 的成員應在「選舉權盡可能廣泛」的基礎上予以選出。中央立法參事會應由 150 名成員組成，其中 4/5 應由選舉產生。關於代表名額的分配這一重大問題，〈公約〉規定穆斯林在各選區所佔的比例為：旁遮普省，佔選出成員的一半；聯合省，佔選出成員的 30%；孟加拉，佔選出成員的 40%；比哈爾，佔選出成員的 25%；中央省，佔選出成員的 15%；馬德拉斯，佔選出成員的 15%；孟買，佔選出成員的 1/3。在帝國的立法參事會中，當選的成員應有 1/3 為穆斯林。〈公約〉還規定：在任何參事會中，凡涉及某一教派的提案，如有該教派 3/4 的代表反對，就不能加以討論。〈勒克瑙公約〉表明了國大黨接受了它曾強烈反對過的分設選區制度；此外，穆斯林在穆斯林居於少數的省裡也得到了基本名額。此後幾年中，國大黨與穆盟團結合作，掀起了印度民族解放運動的第二次高潮。

　　為反對協約國瓜分土耳其，次大陸穆斯林決定發動一次群眾運動。

圖33：穆罕默德・阿里・真納　他是20世紀初
印度國大黨與穆斯林聯盟的重要溝通橋樑。

甘地以國大黨領袖的身分勸諉黨與為拯救哈里發而奮鬥的穆斯林攜起
手來。他認為這是印度教徒和穆斯林聯合起來的一個百年難逢的好機
會，於是，一次大規模的不合作運動開始了，這也許是次大陸最大的
一次群眾運動。這是唯一一次印度教徒和穆斯林合力反對英國的運動，
據估計，僅在1921年12月和1922年1月，就有約3萬名兩大教派教
徒被捕入獄。列寧曾熱情表示「歡迎伊斯蘭教和非伊斯蘭教人士實行
的聯盟」，「希望這一聯盟推廣到東方的一切勞動者中間去」。

第二節　團結的破裂和分治思想的產生

印度教和穆斯林在哈里發不合作運動時期的短暫團結，並未能消
除兩大宗教派別之間固有的矛盾。教派間的矛盾和衝突越加尖銳和激
化，乃至引發劇烈騷動。英國殖民者為了阻止兩大教派團結，挑撥離
間，為兩大教派衝突起了催化作用。

1923年，在貝拿勒斯成立了以潘迪德・馬丹・莫漢・馬拉維亞為
首的好鬥印度教組織──印度教大齋會。它發動了要使所有穆斯林改
宗和組織印度教徒反對穆斯林的「淨化」運動。一些印度教極端分子
公開宣揚，要在印度斯坦和旁遮普建立印度教國家、印度教組織和使

穆斯林淨化。穆斯林要在印度生存，就必須放棄阿拉伯和波斯來源的姓名而採用印度教姓名，遵守印度教的各種節日，崇敬印度教史詩中的英雄，穿戴印度教徒的服裝，遵守印度教的習俗，稱自己為穆罕默德的印度教徒。這實際上斷送了兩大教派合作的前途。穆斯林組織了傳教和聯合兩大運動與之對抗。兩大教派衝突達到空前未有的程度。1925 年 7 月，在德里、加爾各答等地發生流血衝突，死傷數百人；1926 年，在加爾各答再次發生衝突，持續時間長達 6 個星期，約 125 人喪生，上千人受傷；1927 年 5 月，在拉合爾發生持續 4 天的衝突，30 人喪生，300 人受傷。

　　為了避免衝突進一步擴大，印度教徒和穆斯林之間有必要再次協商。1924 年、1925 年和 1926 年的年會中，穆盟首領不斷強調印度教和穆斯林應加強團結。1927 年 3 月 20 日，穆盟在德里召開會議，主動表示要向印度教徒和國大黨作出一定讓步，提出：如果印度教徒同意信德脫離孟買，在西北邊境省和俾路支地區實行有利於印度教徒的改革，同意在旁遮普和孟加拉立法機構中佔法定多數並在中央立法機構中享有 1/3 的代表權，那麼，他們便同意放棄代表穆斯林權利的分設選區制。國大黨表示響應。經過 1928 年 2 月至 3 月、1929 年 3 月至 5 月兩次會議方達成協議。參加會議的有穆盟、錫克聯盟和國大黨、印度教大齋會等政黨和組織的代表。會議選舉組成了以潘迪德·莫拉蒂爾·尼赫魯為首的委員會，起草了關於印度政府體制的文件，又稱〈尼赫魯報告〉。這是印度人自己制定的第一部憲法。〈尼赫魯報告〉提出印度享有全權自治領地位，中央政府和各省政府採取責任制。

　　在〈尼赫魯報告〉中，穆斯林的大部分要求被拒絕了。否決了分設選區制；穆斯林未能在旁遮普和孟加拉的立法機構中獲得席位；穆斯林在中央立法機構中保留 1/3 席位的要求未得到滿足。穆斯林代表對這個報告反應不一。尼赫魯委員會中的兩名穆斯林成員，一位拒絕簽字，而另一位則根本沒有參加會議。真納對該報告表示不滿，提出了 14 條修改的基本原則，後稱「真納 14 條」。其主要內容是：在中央

立法機構中，穆斯林代表不得少於 1/3，分設選區；其餘權力下放給各省；全印人民享有宗教信仰、禮拜和舉行宗教儀式的自由；信德單設省；在邊境省和俾路支實行政治改革；穆斯林應在社會公職中享有一定的名額；憲法中應有保護穆斯林文化的合理條文；促進穆斯林教育文化和宗教的發展；按人口比例確定在旁遮普和孟加拉立法機構中穆斯林的席位。由於各派未能達成一致的共識，〈尼赫魯報告〉宣告流產。這一事件促使當時仍處於分裂狀態的穆斯林走上團結的道路。1928 年 12 月 31 日和 1929 年 11 月 1 日，在阿加汗的主持下，代表各種穆斯林意見的穆斯林各黨派團體在德里召開了協商會議；以莎菲和真納為首的兩個穆盟召開聯席會議，重申了「真納 14 條」。

　　進入 1930 年代，穆斯林的政治生活開始了一個新時期。在這一時期，穆斯林民族思想發展成熟了，從而為巴基斯坦的誕生作了開創性的工作。這一巨大的貢獻是由詩人兼哲學家穆罕默德‧伊克巴爾所奉獻的。伊克巴爾於 1873 年出生於錫亞爾科特，曾在歐洲留學，專攻哲學和法學，並獲得博士學位，回國後擔任律師並在大學任教。在他一生中的最後 10 年，政治形勢的發展迫使他參加了政治活動。1926 年，他被選進旁遮普立法會議；1930 年 12 月，在阿拉哈巴德的全印穆斯林聯盟年會上，被推選為聯盟主席。伊克巴爾在這次會議上發表了一次富有哲學意義的演講。他概括地評述了整個政治和教派形勢，強烈地駁斥了關於建立一個統一的印度民族的觀念，因為那會使印度各民族人民的固有文化趨於湮沒。他指出，「如果從單一的印度這個概念出發來制定憲法，或者把英國民主精神所規定的原則應用於印度，那就是無意中在印度製造一場內戰」。他暫時同意建立一種聯邦制的政府。他的最終目標是，「要使旁遮普、西北邊境省、信德和俾路支組合為一個單獨的國家。在我看來，建立一個鞏固的西北印度穆斯林國家，無論在不列顛帝國之內進行自治也好，或者脫離帝國進行自治也好，將是穆斯林奮鬥的最終目標，至少對於西北印度的穆斯林應是如此」。伊克巴爾提出建立次大陸穆斯林國家的思想，是他對穆斯林政治作出的

圖34：穆罕默德‧伊克巴爾　1930年穆斯林聯盟大會上，他高聲提出建立穆斯林國家的構想。

不朽貢獻。經過若干年的痛苦之後，廣大穆斯林認識到他這一思想的實際價值。伊克巴爾不僅預見了未來事物的發展趨勢。而且他還以動人心弦的詩歌鼓舞人民，使他們對過去滿懷豪情，對未來充滿信心。他給穆斯林指明了前進道路，為他們的信仰提出了理論基礎。

　　1933年，即在伊克巴爾發表著名演講後的第三年，法學家喬杜里‧拉赫馬特‧阿里等人撰寫了《機不可失》一書。書中為未來的穆斯林國家取名為巴基斯坦。提出以宗教、社會和歷史傳統給予巴基斯坦以單獨的聯邦憲法，從而承認他們與印度其他居民完全不同的民族地位。他在1940年出版的《巴基斯坦——巴民族的國家》一書中進一步明確解釋巴基斯坦的含義：巴基斯坦既是波斯語，也是烏爾都語。它是由旁遮普 (Punjap)、阿富汗尼亞（Afghania，即西北邊境省）、克什米爾 (Kashmir)、伊朗 (Iran)、信德 (Sind) 的頭一個字母和俾路支 (Balochistan) 的最後3個字母組成。意思是巴基人——精神上純正和潔淨的人——的國土。

第三節　穆斯林聯盟的改組和建立〈巴基斯坦決議〉

穆斯林領導人雖然提出了要在印度北部建立穆斯林國家，但在1930年代頭5年，穆斯林的政治組織卻呈四分五裂，一盤散沙狀。這種局面不利於穆斯林事業的發展，當時印度政治形勢迫使穆斯林領導人對穆盟進行改組。1935年8月4日，英國批准了印度政府法案。1935年政府法案規定成立全印聯邦，由英屬印度各省和各王公土邦組成。聯邦立法機構由聯邦議會和國務會議組成。聯邦議會的成員由各省立法機構間接選出，國務會議的成員則由直接選舉產生。各省建立議會制政府。該法案比以前的各種憲法條文要進步，但它沒有達到英國政府曾經許諾的自治領地位。國大黨和穆斯林聯盟對此提出了改進意見，並參加了1936年到1937年初的省議會選舉。

在這次選舉中，國大黨雖未能得到各省議會總席位數的一半，但它在5個省中達到半數，而穆盟所得席位僅佔全部席位的6.8%，就是在穆斯林總席位中也只佔22.3%，在穆斯林佔多數的西北邊境省、信德省竟空無一席，無法在任何一個省內組閣，其力量十分微弱。國大黨不僅在5個省中達到了組閣的目的，而且拒絕穆盟成員進入政府，同時還發動了一場使廣大穆斯林背棄穆斯林聯盟的運動。政治形勢的發展對穆斯林聯盟非常不利。穆盟的唯一希望是改組和加強穆盟的力量。正是在這樣的背景下，全印穆斯林聯盟在勒克瑙召開了1937年年會。真納以穆盟主席的身分發言。他認為，任何保證和協議都應以權力作後盾，政治就是權力，而不是侈談正義、公平或善意。他向穆斯林發出強烈呼籲，要他們加入聯盟，要他們加強團結，壯大穆盟的力量，因為國大黨「已經用自己的語言、行動和綱領越來越清楚地表明，穆斯林休想從他們手中得到任何正義或公正」。真納的演說立即產生了效果，旁遮普和阿薩姆首席部長西甘達爾‧哈亞特汗和穆罕默德‧阿薩杜爾，孟加拉省首席部長法茲努爾‧哈克以及夏西德‧蘇赫拉瓦迪、

克瓦賈、納澤姆丁等知名人士帶頭加入穆盟。在他們的影響下，穆盟發展很快，勒克瑙年會後幾個月，就有 170 多個聯盟分支組織在各地建立，僅在聯合省參加的新盟員就有 10 萬人。穆斯林聯盟在勒克瑙年會上作出的另一個重要決策是把綱領改為「以自由的民主各邦組成完全獨立的聯邦，聯邦內穆斯林及其他人數較少的教派的權利和利益，均要在憲法中得到充分而有效的保障」。

儘管穆盟多次表示希望與國大黨和解，真納也在 1938 年 3 月 3 日寫信給甘地，建議他承認穆盟是全印穆斯林唯一有權威的、有代表性的組織，並在此基礎上找出兩派團結的辦法。但是國大黨及其領導人拒絕了穆盟的建議和呼籲。這次拒絕，是國大黨和穆盟關係史上的一個轉折點，從此，兩黨分道揚鑣。

1937 年 7 月到 1939 年 11 月，國大黨各省內閣執政，利用權力推行印度教，凌辱穆斯林，從而進一步激化了兩大教派矛盾。國大黨的省立法議會開會時，首先演奏被國大黨視為民族歌曲的《母親萬福》。這首歌是反伊斯蘭教的，而且崇拜偶像，所以受到穆斯林反對。一些國大黨領導人甚至公開宣稱要對穆斯林宗教實行貶抑政策。在一些民事和刑事糾紛中，故意陷害穆斯林。這些歧視政策迫使穆斯林領導人認真考慮伊克巴爾在 1930 年代提出的建立穆斯林國家的設想。伊克巴爾在他生命的最後兩年，非常關心穆斯林前途。他多次寫信給真納，要真納關心穆斯林的貧困問題。他說穆盟應給普通穆斯林改善他們命運的希望，這樣才能吸引更多的穆斯林。他提醒真納認真考慮分治問題。他提出要解決穆斯林前途問題，就必須解決分治問題，為此，有必要重新劃分印度，建立一個或幾個穆斯林佔絕對多數的穆斯林國家。真納開始認真考慮伊克巴爾的建議，1940 年 3 月 9 日，真納明確提出了兩個民族分治的思想。

1940 年 3 月，穆盟在拉合爾召開第 27 屆年會。22 日，真納提出了解決穆斯林前途問題的辦法。由於印度教徒和穆斯林是兩個有著顯著差異的民族，因此，唯一的出路是將印度劃分為自治的民族國家，

圖 35：1940 年穆斯林聯盟大會　右起為真納與里阿夸特‧阿里‧汗。

讓兩大民族各有其自己的祖國。23 日，會議通過了由孟加拉首席部長提出的具有歷史意義的決議，即後來所稱的〈拉合爾決議〉或〈巴基斯坦決議〉。決議提出，要使某種憲法在這個國家實施，並得到穆斯林接受，就必須依據下述基本原則來制定：「地理上毗連的諸單位劃分為若干區域，這些地區的劃分應作必要的領土調整，以使穆斯林佔多數的地區，如印度的西北地區和東北地區，能夠組合成『獨立的國家』，組成這些國家的各單位應實行自治並擁有主權。」〈巴基斯坦決議〉的通過，給千百萬普通穆斯林帶來了希望。這是巴基斯坦運動發展史上最重要的步驟之一。

第四節　〈蒙巴頓方案〉和巴基斯坦的誕生

　　第二次世界大戰爆發以後，英國政府希望獲得次大陸各族人民的合作，向次大陸人民作出了一定讓步。1940 年 8 月，印度總督發表了

重要宣言，通稱之為〈8月建議〉。他建議擴大行政會議，以便把各種不同教派的代表人物包括進來；承認印度人草擬自己憲法的權利；並向少數黨派保證，沒有它們的同意，不得草擬憲法。穆盟接受了這一建議，並明確宣稱：印度的分治是解決未來印度憲法最大難題的唯一途徑。國大黨拒絕了這個建議，並發動了一場和平抵制運動。

面對日本侵略軍的進攻，英國政府於 1942 年 3 月又派出特使克里普斯，到印度謀求和解，以求得到印度各界的支持。克里普斯向印度各派表示：戰後立即選舉產生制定新憲法的機構；不願留在印度聯邦之內的一省或數省，可以聽其自願，並可以自行組織獨立的政府。國大黨斷然拒絕了克里普斯的建議，要求立即成立自由的國民政府，即國大黨的政府，同時不贊成省脫離聯邦。穆盟也因建議未能對於巴基斯坦國家的建立作出保證而加以拒絕。克里普斯的努力以失敗告終。之後，英國政府又先後於 1945 年 6 月和 1946 年 5 月拋出了〈韋維爾方案〉和〈內閣使團方案〉。但都因未能滿足國大黨和穆盟的要求，而宣告流產。

在這一時期，穆盟勢力日益壯大。穆盟成員從 1927 年的 1330 人增加到 1941 年的 11.2078 萬人，1944 年更多達數百萬，僅孟加拉省在 1944 年就有 500 萬盟員，在信德省，25% 以上的成年穆斯林中約有 30 萬加入了穆盟。穆盟領導人在經過曲折之後，更加堅定了建立巴基斯坦國家的決心。與此同時，國大黨與穆盟之間的矛盾更加尖銳，在許多地方印度教徒和穆斯林發生流血衝突，僅在 1946 年 8 月 16 日，加爾各答發生的教派衝突和屠殺，就有 4000 人被奪去了生命，另有 1 萬人受傷。整個次大陸瀕於內戰的邊緣。政府已難於維護法律和秩序了。為了阻止局勢繼續惡化，英國首相艾德禮於 1947 年 2 月 20 日宣佈，英國最遲將在 1948 年 6 月以前從次大陸撤退。他宣稱英國政府必將考慮屆時應把英屬印度中央政府的各項權力移交給何人；或者是整個交給英屬印度的某種形式的中央政府；或者在某些地區交給現有的省政府；或者以對印度人民利益最為合理的某種其他方式進行移交。為了

進行實際權力移交，蒙巴頓勳爵代替韋維爾出任印度總督。

　　1947 年 3 月，新任總督蒙巴頓到達印度後發現，在整個次大陸，兩大教派之間的內戰已迫在眉睫。蒙巴頓和各種政黨的領導人談判後發現，解決問題的唯一途徑是使次大陸分治。經過與英國政府磋商後，6 月 6 日，蒙巴頓發表了一個重要宣言，即所謂〈6 月 3 日蒙巴頓方案〉。方案規定：印度分為印度教徒的印度斯坦和伊斯蘭教徒的巴基斯坦，兩個國家均享有自治領地位；在兩個國家的國界未作最後確定之前，由西北邊境省、阿薩姆省的錫爾赫特區選民進行全民投票，在信德省立法議會投票，決定這三個省參加哪一個國家的問題；印度分治前先解決孟加拉省和旁遮普省的劃界問題；各土邦有權決定它們參加印度和巴基斯坦中哪個國家的問題，如果土邦不願參加任何一個國家，那麼它可以保持與英國的關係，但無自治領地位。

　　國大黨和穆斯林聯盟兩方都接受了〈蒙巴頓方案〉。西北邊境省、錫爾赫特、信德以及穆斯林佔多數的地區旁遮普和孟加拉，都投票贊成成立巴基斯坦。1947 年 7 月 4 日，英國議會提出印度獨立議案。7 月 18 日，這個議案被立為法案。法案規定，從 1947 年 8 月 15 日起，巴基斯坦和印度兩個新的獨立自治領宣告成立。該法案宣告了英國在次大陸達 200 年的殖民統治結束，並導致了巴基斯坦的建立。巴基斯坦的締造者穆罕默德・阿里・真納，成為首任總督。

第五節　國父真納先生

　　穆罕默德・阿里・真納為次大陸人民擺脫英國的殖民統治和巴基斯坦新民族國家的創立，奮鬥了 42 年。在這漫長而又繁忙的 42 年政治生涯中，真納作出了許多貢獻。他是 20 世紀前半葉次大陸最偉大的法學家之一、一位偉大的立憲主義者、一位傑出的國會議員、一流的政治家和戰略家、一位不倦的自由鬥士、一位著名的群眾領袖，他還曾是次大陸印度教徒和穆斯林和睦相處、團結友愛的積極鼓吹者。但

是，他作出的最偉大貢獻是帶領次大陸廣大穆斯林擺脫了受壓迫和蹂躪的少數民族地位，並在次大陸創造了一個新的穆斯林民族國家，真納被巴基斯坦人民尊譽為「國父」。

第一階段：真納與印度民族獨立運動及其印穆團結理想的破滅

　　從 1905 年參加國大黨到 1928 年底真納印穆團結理想的完全破滅，其間共有 23 年，在這 23 年政治生涯中，真納為實現印度自治和獨立以及印穆團結，進行了不懈的奮鬥。真納參加國大黨後，便為爭取印度自治作了不少工作。1906 年，他以國大黨加爾各答會議主席、老資格國大黨人達達巴依·瑙羅吉的私人秘書身分參加了國大黨加爾各答會議。大會主席代表國大黨第一次從一個政黨的講壇上提出了印度自治要求，作為大會主席的私人秘書，真納為大會主席在這次會議上的各次講話和建議無疑花了不少不為人知的心血。1910 年 1 月，真納被選入新成立的帝國立法議會。在這之後長達近 40 年的國會議員生涯中，他成為印度爭取自由和權利最有力的發言人。在立法議會中，他第一個提出並促使議會通過了〈無公職議員法案〉。真納很快成為立法會議中一個委員會的負責人。由於其卓越才幹，真納被國大黨和穆盟聯合選派為使者，前往英國，說服英國政府同意印度政治改革方案。

　　在爭取印度自治和獨立的道路上，真納主張通過「正常的循序漸進的方法」和立憲主義，反對極端方法和政治恐怖主義。他認為政治恐怖主義不是民族解放道路，只會導致災難和毀滅。真納不支持莫罕達斯·卡爾姆昌德·甘地的不合作運動，反對聯合抵制政府辦的各級各類學校、法院、各類委員會和英國商品。真納曾經直言不諱地回擊甘地：「你的道路是錯誤的道路，我的道路──憲法道路才是正確的道路。」他還談到甘地的「極端主義計劃將把沒有經驗的年輕人、無知者和文盲引入歧途。這都意味著沒有組織和混亂」。真納和泰戈爾都認為甘地的不合作運動，是消極和絕望的一種表現，這種不合作主義將導致和增強印度人民的憤怒情緒，但無益於建設。因此，他極力反對甘地的戰略戰術，向國大黨 1920 年那格浦爾年會發出警告：「你們正在

制定的宣言和讓國大黨所採納的計劃，將不可能實現」；他認為在獨立問題上沒有捷徑可走，甘地的非憲政道路可能導致政治恐怖主義、無法無天和混亂，而不是將印度引向自由和獨立的門檻。

　　在真納的政治思想中，印穆團結曾佔有重要地位。在他 42 年的政治生涯中，就有 23 年在為實現印穆團結而奮鬥。真納認為，印穆團結是印度次大陸民族獨立的基礎和保障，「印度的真正進步，只有依靠兩大教派之間誠摯的諒解和融洽的關係才能達到」。因此，他成為印度教徒和穆斯林團結的設計師。在真納的積極努力下，兩大政黨第一次齊集一地，共同協商，於 1916 年底達成了著名的〈勒克瑙公約〉，該〈公約〉解決了有關立法機構的組成以及兩大教派代表定額的細節問題。真納是該〈公約〉的主要制定者。真納逐漸成為受到印度教徒和穆斯林普遍歡迎的著名政治領導人。到 1917 年，真納身兼數職，他不僅在國大黨和帝國立法機構中頗負盛名，而且還擔任了全印穆盟主席和地主自治聯盟孟買支部主席。更為重要的是，由於他在〈勒克瑙公約〉中的關鍵作用，他被讚譽為印穆團結的使者。國大黨著名領導人戈爾勒對真納評論道：「真納先生酷愛自由，目光遠大，擺脫了階級和教派的局限性，這使他成為印度教徒和穆斯林團結最優秀的使者。」

　　即使因與甘地分歧嚴重，真納於 1920 年退出國大黨後，他仍堅信只有通過印度教徒和穆斯林的團結，才能拯救印度這一思想。在穆盟召開的會議上，真納反覆強調要消除兩大教派之間的誤解，像 1916 年在勒克瑙所做的那樣，再一次使印穆完全和解等。為彌合兩派在立法機構中代表問題上的分歧，1927 年 3 月，在真納主持下，提出〈德里穆斯林提案〉，對國大黨作出了讓步，但 1928 年出爐的〈尼赫魯報告〉否認了穆斯林最基本權利。1928 年 12 月 22 日，全印度各黨派在加爾各答舉行會議，會議拒絕穆斯林的基本要求，從而導致印度教徒和穆斯林永遠分開了。真納為了印穆團結花去了自己的所有精力，現在他失望了，印穆團結的理想完全破滅了。從此以後，真納投入到巴基斯坦獨立運動中，帶領次大陸廣大穆斯林為建立穆斯林國家──巴基斯

圖36：印巴民族運動的主要領導者甘地（右）和真納（左） 甘地
與真納雖然在巴基斯坦是否從印度分離的問題上意見分歧，但是共
同對抗英國的命運卻使他們常並肩作戰。

坦而奮鬥終生。

第二階段：真納與巴基斯坦運動

　　次大陸穆斯林曾有光輝燦爛的歷史，自西方殖民者入侵後，他們
失去了昔日的光輝，不僅如此，還淪為既受西方殖民者奴役掠奪又受
到佔人口絕大多數印度教徒的歧視和壓迫的少數民族地位。20 世紀
初，分散在次大陸各地的穆斯林逐漸覺醒，始而為爭取政治權利而鬥
爭，繼而為建立穆斯林國家而奮鬥。

　　在這一新的民族和新的國家的奮鬥歷程中，真納發揮了重大作用。

一、真納為爭取穆斯林政治權利而奮鬥

1910 年國大黨阿拉哈巴德會議中，真納提出了一項決議案，要求國大黨不僅同意穆斯林在立法會議裡有適當代表，而且要求實行分區選舉。1913 年，真納加入穆盟，尤其是在 1916 年 12 月當選穆盟勒克瑙會議主席後，與國大黨達成了〈勒克瑙公約〉，該〈公約〉不僅是兩大政治派別合作的典範，而且也是穆盟發展的里程碑。該〈公約〉正式承認了全印穆盟是次大陸穆斯林的合法政治組織，從而強化了穆盟在印度政治發展中的地位；該〈公約〉還承認了穆斯林長期奮鬥的目標：穆斯林享有單獨選區，在立法機構中保留席位，在中央和穆斯林佔少數的省份保留一定權利。這是穆斯林在爭取政治權利上所獲得的重大成果，而這應首先歸功於真納。

1928 年全印各黨派會議否決了穆斯林基本權利要求並通過〈尼赫魯報告〉後，真納不僅沒有放棄，而且將全部精力投入到穆斯林事業中。真納提出了保護穆斯林權利和利益的 14 條基本原則，即前文所說的著名的「真納 14 條」。由於印穆矛盾太深和國大黨的固執偏見，加之穆盟四分五裂，力量弱小，爭取穆斯林的政治權利並未能取得多大成果。穆盟真正的崛起，是在真納對穆盟進行改組後實現的。

二、真納與穆盟改組

國大黨在 1936–1937 年度冬的大選中獲得了勝利，並在英屬印度的 7 個省中組閣，這對穆斯林聯盟是一個極大威脅。穆盟卻繼續處於分裂狀態，一些穆斯林領導人，為了個人目的，在旁遮普、信德、西北邊境省、阿薩姆、比哈爾和聯合省，組織地方性穆斯林黨派，穆斯林共同事業有被斷送的危險。為了改變這一局面，真納深入全國各地穆斯林群眾中，力勸他們組織起來並加入穆盟；懇求各省穆斯林領導人，摒棄前嫌，彌合分歧，加入穆盟，為次大陸穆斯林的共同事業，團結一致，爭取勝利。在 1937 年 10 月全印穆盟勒克瑙年會上，真納

以主席的身分發表講話，他認為「保證和協議，若無權力作後盾，則屬一紙空文。政治就是權力，而不是侈談正義、公平或善意」。印度教徒已明確表示，「穆斯林休想從他們手中得到任何正義或公道」。他向穆斯林發出強烈呼籲，要他們加入聯盟，要他們加強聯盟，要求所有穆斯林「把自己組織起來，團結起來，實現徹底地統一」。根據真納的講話，會議制定了聯繫群眾、加強團結和統一的綱領，並提出「以自由的民主各邦組成完全獨立的聯邦，聯邦內穆斯林和其他人數較少的教派的權利和利益，均要在憲法中得到充分而有效的保障」。

真納的講話和穆盟的決定，立即產生了效果。旁遮普總理、孟加拉總理和阿薩姆總理都參加了聯盟，並帶動了大量穆斯林加入聯盟。會後僅幾個月，就有 170 個聯盟分支組織在各地建立，僅在聯合省就有 10 多萬新盟員加入。穆斯林聯盟得到極大發展，在其整個歷史上從未如此強大過。此時，真納也被廣大穆斯林稱為「最偉大的領袖」。真納改組後的聯盟，成為一支重要力量。在印度政治中，涉及到穆斯林的問題都必須經穆盟的同意和合作。

三、真納對「穆斯林民族」理論的發展和穆盟通過〈巴基斯坦決議〉

穆斯林是一個單獨的民族、一個在政治上完全不同於印度其他教派和民族。這一民族思想，是由穆罕默德・伊克巴爾在 1930 年全印穆盟年會上明確提出來的。但是，這一思想並未立即成為穆盟的行動綱領，是真納推動全印穆盟邁出了歷史性的一步。

1940 年 1 月 1 日，真納在給甘地的信中談到，印度教徒和穆斯林是印度的兩個主要民族，並要求分別對待不同民族的社會、經濟、政治和宗教。在穆盟領導人會議上，真納再次談及，無論從哪個意義上講，穆斯林都是一個民族。為了使次大陸人民平安和幸福，唯一的出路是把印度分成自治的民族國家，給予其主要民族以單獨的祖國。如果將兩個民族束縛在一個單一國家中，其後果是這樣的單一國家的毀

滅。他號召印度穆斯林堅決不接受導致成立印度教徒佔多數的政府的任何憲法。在這次會議上，真納明顯提出要建立穆斯林國家。

為準備在拉合爾召開年會，真納在《時與潮》發表了兩篇文章，宣傳穆斯林是一個民族及建立自己的祖國的思想。他指出印度教徒和穆斯林兩個民族代表兩種不同的文化和文明。兩大民族在起源、傳統和生活方式上各不相同。印度教的特徵是種姓制度，它的宗教和社會制度都以此為基礎，而伊斯蘭教則是以人類平等概念為基礎。因此，須制定承認印度有兩個民族的憲法，兩個民族必須分享管理權。

1940 年 3 月，穆盟在拉合爾舉行年會。真納在這次具有歷史意義的會議上發表演講，提出了自己對穆斯林問題的解決辦法。他指出，印度存在的問題不是教派之間的問題，而是國際性質的問題，因此問題的解決也只能按此來進行。印穆兩個民族矛盾太深，唯一的出路是將印度劃分為自治的國家，讓兩大民族各有自己的祖國。拉合爾年會於 3 月 23 日，也就是真納講話的第二天，通過了具有歷史意義的決議，即後來所稱的〈拉合爾決議〉或〈巴基斯坦決議〉。決議的主要內容是：「全印穆盟本屆會議經考慮後認為，除非以下述原則為基礎——凡地理上毗連的單位應劃分為地區，劃分時如有必要也可作領土調整，但應使穆斯林人口多數的地區，如印度西北地帶及東部地帶，成為『單獨的邦』，各邦的組成單位應該實行自治並擁有主權——否則任何制憲計劃在這個國家都是行不通的，也是穆斯林所不能接受的。」同年，真納在一次演講中說：「世界上沒有什麼力量能夠阻止巴基斯坦的建立。」

真納將建立穆斯林國家的主張變成了穆斯林聯盟的行動綱領，在以後的 7 年中，爭取巴基斯坦獨立成為穆盟的主要任務。

四、真納與巴基斯坦的獨立

在印巴分治前 7 年，真納主要是圍繞建立獨立的巴基斯坦國展開工作。具體說來，真納的工作重要表現在以下幾方面：

1. 繼續壯大穆盟力量，加強穆盟團結，多次召開穆盟代表會議，

堅持建立獨立的巴基斯坦的原則立場。在許多關鍵時刻，真納都站了出來，維護穆斯林權益。比如在內閣使團有可能屈服於來自各種反穆盟勢力的壓力時，他採取了一項驚人行動，決定召開穆斯林議員的會議，有 400 多名議員接受真納邀請。1946 年 4 月 9 日，在德里召開了這次歷史性會議。真納在會上發表了重要講話，要求穆斯林不僅要為保護自己的宗教而奮鬥，而且還要為維護自己的社會地位和經濟生活而鬥爭。他說，沒有政權，就不能保護穆斯林的信仰和經濟生活。關於穆斯林佔少數的省份的穆斯林保護措施問題，真納說：「最有效的保護措施就是建立巴基斯坦。」真納出色的領導工作，使穆盟成了全印穆斯林無可爭辯的代表，建立一個獨立國家的思想在穆斯林群眾中產生了不可抗拒的吸引力，而真納對穆斯林群眾具有了空前的領導威望。真納在對穆斯林群眾講話時，會場常響起「巴基斯坦萬歲」、「真納萬歲」的呼聲。

2. 真納多次和英國政府代表會談，代表穆盟堅持和捍衛建立巴基斯坦的原則。在這期間，英國政府提出了〈克里普斯建議〉、〈韋維爾方案〉、〈內閣使團方案〉，但都因未對建立巴基斯坦作出保證，遭到真納的拒絕。真納認為接受這些方案和建議，就意味著放棄原則，放棄爭鬥，從而斷送穆斯林的偉大事業。

3. 真納和甘地等國大黨領導人展開了針鋒相對的爭鬥。1944 年 9 月 9 日至 27 日，真納和甘地進行了會談。甘地竭力促使穆盟接受國大黨的計劃，成立一個政府，一個國家，以維護印度的統一，實際上就是接受國大黨的領導。對此，真納再次詳盡地闡述了穆斯林是一個民族的理論。真納說，無論按什麼樣的民族定義或標準，都應堅持印度的穆斯林和印度教徒是兩個民族。印度穆斯林是擁有 1 億人口的民族，不僅如此，印度穆斯林民族具有自己獨特的文化與文明、語言和文學、藝術和建築、姓氏和術語、價值觀和比例概念、法律和道德規範、習慣與曆法、歷史和傳統，以及才能和抱負；簡言之，印度穆斯林有自己獨特的人生觀。無論根據什麼國際法典，印度穆斯林都應是一個民

族。另外，真納堅持「在巴基斯坦和印度斯坦的基礎上爭取印度人民的自由與獨立」。在許多其他場合，真納回擊國大黨，堅持建立巴基斯坦原則立場。1946 年 6 月，真納還提出警告說：「要麼同意迅速建立巴基斯坦，要麼我們就撇開你們，自己建立巴基斯坦。」

　　4.真納代表穆盟與尼赫魯、蒙巴頓等國大黨和英國政府領導人談判，代表穆盟接受〈蒙巴頓方案〉。1947 年 6 月 2–3 日，真納、尼赫魯、蒙巴頓等 7 人在新德里舉行秘密會談。國大黨繼續堅持反對印度分治立場，而真納堅持印度分治，不同意省份分治。蒙巴頓代表英國政府傳達了英國政府同意分治的原則，向兩個國家移交權力，兩國均享有完全的自治領地位以及它們有脫離英聯邦的權利等分治方案的內容。真納在這決定印度命運的關鍵時刻，抓住機會，宣佈有條件地接受英國的方案，他以機智、正確和無可比擬的政治遠見作出了這一決定。英國首相艾德禮在 6 月 3 日晚的全國廣播講話中提到：「因為印度的領袖們在內閣使團關於統一的印度方案方面最終沒有取得一致，所以分治成了不可避免的抉擇。」這實際上是對真納在對國大黨和英國政府談判中所採取的立場和方式的間接讚美。如果在這一印度歷史轉折關頭，真納投降、妥協或者畏縮了，那麼統一的印度將強加於穆斯林，而建立巴基斯坦的希望將化為泡影。

　　6 月 3 日，真納在向全印發表的講話中，宣佈接受分治方案，並祈禱真主保佑完成權力移交和擔負起新的責任；真納讚美了那些為爭取建立巴基斯坦遭受災難和付出犧牲的人們。在這一歷史性講話結束時，真納情不自禁地高呼「巴基斯坦萬歲！」過去無數年來，印度穆斯林為這一時刻的到來，英勇無畏、忘我犧牲，甚至含笑走向黃泉。真納以「巴基斯坦萬歲！」結束了他的講話，宣佈了次大陸穆斯林這一偉大歷史時刻的到來，從而為穆斯林歷史翻開了新的一頁。

　　從通過印穆團結實現印度自治和獨立到建立單獨的巴基斯坦國思想的轉變，是真納思想的重大轉折點，也是印度次大陸穆斯林爭取政治權力的新起點。真納將兩個民族思想變成了穆盟的政治綱領，並帶

領次大陸穆斯林創立了巴基斯坦國。真納將印度次大陸穆斯林的夢想變成了現實。為感謝穆罕默德・阿里・真納為民族所作的傑出貢獻以及表達人民的願望，巴基斯坦制憲會議授予他「卡伊德—伊—阿札姆(Quaid-i-Azam)」（即偉大領袖的稱號）。在分治以前，真納以自己對民族和國家的忠誠和貢獻贏得了這個稱號。納瓦卜札達・利亞格特・阿里・汗在提請制憲議會通過這項決議時，稱偉大領袖真納是「我們國家的阿塔圖爾克（凱末爾）和史達林」。歷史事實證明，真納無愧於這一稱號。

第九章
大國的崛起——獨立至
1970 年代

第一節　國家初建、百廢待興

　　1947 年 8 月 11 日，巴基斯坦制憲議會選舉穆斯林聯盟主席穆罕默德·阿里·真納為制憲議會主席。真納指定了以里阿夸特·阿里·汗為首的內閣。真納主持內閣會議，制定政策；內閣只起顧問的作用，總理沒有權力。

　　1948 年 9 月 11 日，巴基斯坦的國父真納逝世，對巴基斯坦是個不可彌補的損失。在巴基斯坦的威信和影響僅次於真納的里阿夸特·阿里·汗總理又於 1951 年 10 月被阿富汗人刺死。這兩人的相繼離去，使巴基斯坦政局的穩定和國家統一失去了重要依靠，巴基斯坦進入了政局不穩、政府更迭頻繁的時期。教派衝突引發了巴基斯坦獨立以來的第一次嚴重政治危機。阿赫默迪亞教派是由米爾札·庫拉姆·阿赫默德（1836–1908 年）在 1889 年創立的。其宗旨是要將伊斯蘭、現代自由主義和神秘主義結合在一起。這一主張正與巴基斯坦建國者的思想一致。該派的許多成員多受過高等教育，接受西方思想，在政府中擔任重要職務。正統派反對西方現代主義，主張按伊斯蘭傳統精神，

圖 37：里阿夸特‧阿里‧汗　他的突然過世使
巴基斯坦頓時群龍無首。

制定一部穆斯林憲法，並將阿赫默迪亞宣佈為少數派，解除其在政府
中的重要公職。1953 年 1 月，正統派召開全巴穆斯林政黨會議，加強
反對阿赫默迪亞的運動，組織使用暴力、搶劫等方式的「直接行動」。
政府沒有採取制止措施，一些政府官員反而支持，勢態越演越烈。3 月
初，旁遮普省政府幾乎癱瘓，局勢失去控制。3 月 6 日到 5 月，在旁
遮普省實行軍管。反阿赫默迪亞運動不僅對旁遮普省產生了重要影響，
而且引起了整個巴基斯坦政局的變化。巴總督古拉姆‧穆罕默德於
1953 年 4 月，藉口總理克瓦賈‧納澤姆丁未能維持法律和秩序以及解
決糧食短缺，解除其總理職務。總督的這一行動引起制憲議會的不滿，
並拒絕開會，時間長達 6 個月。由反阿赫默迪亞運動引起的總督與總
理之爭，標誌著巴基斯坦代議制政治的衰落，開始了時間長達 5 年的
政治動亂。

　　制憲議會與古拉姆‧穆罕默德總督之間的爭鬥繼續進行。制憲議
會想限制總督權力，1954 年 9 月 20 日重新頒佈 1949 年的《政府公職
和議員（資格取消）法》，使制憲議會有權取消政府部長和其他公職人
員的資格。9 月 21 日，制憲議會又對《1935 年印度政府法》的第 10 條
作了修改，以確保總督不能以任何方式解散現政府。古拉姆‧穆罕默
德總督以制憲議會沒有人民代表性為由，於 1954 年 10 月 24 日解散了

制憲議會和內閣，並宣佈巴基斯坦處於緊急狀態。更為惡劣的是，他還勸說軍隊接管政府。但是，軍方拒絕了總督。制憲議會主席毛拉維·塔米祖丁向法院提出控告，信德省首席法院作了有利於塔米祖丁的判決，但聯邦法院認為總督解散制憲議會合法。存在 7 年之久的巴基斯坦制憲議會，在沒有制定出憲法的情況下，遭到解散。巴基斯坦代議制政治發展遭遇了極大挫折。

聯邦法院在裁決總督與制憲議會之爭中，同時又作出決定：憲法只能按《1947 年印度獨立法》產生的制憲議會制定，因此又恢復了巴基斯坦的制憲工作。1955 年 6 月，由各省立法機構選舉產生了第二個制憲議會。該制憲議會由東、西巴各選出 40 名代表組成。1956 年 2 月 29 日，第二屆制憲議會經過近一年的努力，終於通過了巴基斯坦第一部憲法，並於 3 月 23 日正式生效。但是，憲法也遭到反對派的強烈反對，這表明該憲法並未能統一民眾思想，結束長時期的政治動盪。在西巴，穆斯林聯盟進一步衰落，許多成員退出該黨，轉而加入以沙西布為首的共和黨。旁遮普的上層人物相互爭奪政治權利。在東巴，以蘇赫拉瓦迪領導的人民同盟和哈克領導的工農黨組成的聯合陣線內部進行著爭權奪利的鬥爭。

一系列政治危機導致中央政府更迭頻繁，中央政府頻繁更迭又加劇了政治危機。從 1947 年獨立到 1958 年 10 月阿尤布·汗接管政府的 11 年中，巴基斯坦五易總督，七易總理。省政府也頻繁更迭。1947 至 1955 年，旁遮普省和西北邊境省六易省督。同期，信德省七易首席部長。中央政府解散的東西巴省政府近 10 個。

在這一時期，還存在東西巴語言之爭。東巴講孟加拉語，西巴以烏爾都語為整個巴基斯坦的唯一國語，認為烏爾都語是穆斯林和巴基斯坦歷史的象徵。東巴人認為孟加拉語突出東巴穆斯林的個性和特徵，而且講孟加拉語的人數超過講烏爾都語的人數。但是，真納和巴基斯坦政府支持用烏爾都語作為國語。東巴對此強烈不滿，1952 年 2 月 21 日爆發了反對將烏爾都語作為國語的強大的群眾示威遊行，警察和學

生發生衝突，有 19 人死亡。東巴人將 2 月 21 日作為「烈士紀念日」。語言衝突持續了好幾年。1954 年，語言之爭發展到東巴力圖擺脫西巴統治的政治抗爭。1955 年，中央政府同意將孟加拉語與烏爾都語共同作為官方語言，從而使東西巴衝突暫告一段落。但是語言之爭加深了東巴與西巴之間的隔閡，加劇了 1950 年代巴基斯坦政局的不穩定性。

1957 年 12 月，共和黨領袖費洛茲‧汗‧努恩接任只擔任兩個月的昌德里‧穆罕默德‧阿里的總理職務，組成代議制政府。1958 年 9 月底，努恩擴大內閣，增加 6 名東巴人民聯盟成員，但這幾名成員拒絕上任，使中央政府面臨解散的危險。伊斯坎德爾‧米爾札總統控制不了局勢，在陸軍總司令阿尤布‧汗的壓力下，於 1958 年 10 月 7 日宣佈實行《軍事管制法》，取消花了 9 年時間制定而只存在僅兩年的巴基斯坦憲法，解散中央和省立法機構，解散中央政府和各省政府，禁止政黨活動，阿尤布‧汗擔任軍法管制首席執行官。1958 年 10 月 27 日，阿尤布‧汗指責米爾札及其他政黨對國家政治局勢的惡化負有責任，米爾札總統被迫離職。阿尤布‧汗建立了為期 10 年的個人統治，正式宣告了巴基斯坦代議制政府的失敗。

第二節　阿尤布‧汗的威權統治和「有限民主制」

1958 年 10 月 7 日，巴基斯坦實行軍法管制，阿尤布‧汗被任命為軍法管制首席執行官。從 10 月 27 日接替伊斯坎德爾‧米爾札擔任巴總統兼國防部長、武裝部隊最高統帥。到 1969 年被迫下臺，阿尤布‧汗對巴進行了 10 年零 5 個月的統治。阿尤布‧汗建立的軍人統治，在巴基斯坦開了軍人執政、軍人干政的先河。

穆罕默德‧阿尤布‧汗，1907 年 5 月 14 日出生在英屬印度西北邊境省哈拉紮縣的一個帕坦族家庭，父親為小地主，因土地不多，家庭成員多以從軍為業或以自由職業為生。阿尤布‧汗曾就學於阿利加爾穆斯林大學和英國桑赫斯特皇家軍事學院。1928 年升為軍官，二次

大戰中晉升為團長。1947 年巴基斯坦獨立後，阿尤布・汗平步青雲，
扶搖直上，1948 年 12 月升為師長，1950 年任巴陸軍副總司令，1951 年
至 1958 年任陸軍總司令，其間曾擔任國防部長，1959 年 10 月晉升為
元帥。阿尤布・汗認為，由於巴基斯坦有多種文化、語言和種族的存
在，加之議會民主制，巴基斯坦人民不能團結一致地建設和發展國家。
為此，應把西巴的幾個省和土邦合併成為一個省，建立強有力的中央
政府，把東巴和西巴緊密聯繫在一起。通過伊斯蘭化和迅速發展經濟
來加強國家的團結和統一。阿尤布・汗制定了巴基斯坦政治發展計劃，
並採取了一系列有力的措施。

　　阿尤布・汗採取的第一項措施是禁止政黨活動。1958 年 10 月 9
日，阿尤布・汗被米爾札總統任命為首席軍法執行官。阿尤布・汗在
就職後的廣播講話中說，政黨政治是國家政局動盪不安的根源，他譴
責了政黨和政治家們勾心鬥角的活動。他認為，自從真納和里阿夸特・
阿里・汗相繼去世後，政治家們為了滿足其政治欲望和卑鄙的目的，
進行了無休止的爭吵，對國家造成了極為惡劣的影響。他們煽動地方
主義情緒、宗派矛盾和宗教糾紛，唆使一部分巴基斯坦人去反對另一
部分巴基斯坦人。因此，沒有政黨和這些政治家，國家會被治理得更
好。因此，阿尤布・汗宣佈取消一切政黨，禁止政黨活動，取消公民
自由權，控制新聞出版，建立特別軍事法庭等。從 1958 年 10 月 27 日
至 1962 年 7 月 14 日恢復政黨活動的大約四年中，在巴基斯坦實行軍
法統治，任何法院都不得對《軍事管制法》表示異議。

　　此外，阿尤布・汗還嚴厲懲治違法犯罪活動和瀆職行為。在宣佈
軍管的一週內，他監禁和拘留了許多政治家、著名商人和從事走私活
動、操縱貨幣的反社會活動分子。他建立調查委員會，專門調查政府
官員中的腐敗、貪汙、胡作非為行為，結果有 2500 多名政府官員被解
職或被強迫退休。他還根據 1959 年〈選舉人資格取消法令〉，對前政
治家們進行調查。凡有瀆職、貪汙腐敗和其他不良行為者，取消其公
職活動資格直至 1966 年。根據這項法令，全巴估計有 6000 人被取消

圖 38: 阿尤布發動「1958 年革命」後第一次召開軍政會議

了從事政治活動的資格。他又強令工商業家繳納未公佈財產的稅收、公開他們持有的外匯儲備，要求他們按政府當局規定的控制價格出售他們所有的存貨。阿尤布·汗採取的這些嚴厲措施，有效地打擊了國內普遍存在的違法犯罪活動，從而贏得了廣大群眾的支持，提高了他本人在國內外的聲譽。

　　為鞏固自己的統治和已取得的上述成果，阿尤布·汗在巴基斯坦建立「有限民主制」。阿尤布·汗認為，「民主」只是喚起民眾建設國家的一種方法，西方現行的民主制太複雜，在文盲眾多的巴基斯坦很難實行。根據巴基斯坦國情，現階段最為迫切的任務是為實現民主制打下基礎。具體作法是，在東、西巴各設 4 萬個選區，全國共 8 萬個（後來增加到 12 萬個），每個選區大約有 1000 人。以成人普選制為基礎，每個選區選出 1 名代表，稱作基本民主執行者，大約 10 個選區組成一個鄉村聯合評議會或鄉村行政委員會，這是全國專區、縣、區和村四級行政機構的最基層組織。各級行政委員會中選出的代表與政府

指派的人一起，在政府官員的密切指導下行使有效權力。在省顧問委員會下，全巴有 16 個專區委員會，78 個縣委員會，農村地區有 630 個區委員會，7614 個聯合村委員會以及 220 個鎮委員會，城市地區有 29 個區委員會和 108 個市委員會，888 個聯合村委員會。

　　阿尤布・汗建立「有限民主制」的目的是想限制前政治家們參加國家的政治活動，造就一批新的既受群眾支持又服從他的政府的領導人，讓民眾在有限的範圍內比較充分地參與農村事務的發展。作為由軍事專政向「民主政治」前進的一個步驟，「有限民主制」在一定程度上受到群眾的歡迎，但是，「有限民主制」的執行並不理想。「有限民主制」最初的設想是，讓農村較有文化的人能比較多地參加地方發展事務，但在實際執行中，阿尤布・汗將其變成了為自己服務的工具，「有限民主制」執行者有權選舉總統和立法機構。1960 年和 1965 年的總統和國民議會選舉都是由 8 萬名基本民主執行者選舉的。反對派攻擊「有限民主制」，他們認為通過成人普選直接選舉國民議會成員和總統時，可以公開辯論，展開思想論戰，可以澄清問題，有助於選民作出選擇；而「有限民主制」是間接選舉，受到有關勢力的操縱和控制。在執行的後期，「有限民主制」執行者相當腐敗，公開出售選票，並認為這是「合理」的；由於他們可以選舉國家立法機構和行政官員，所以使買賣選票之風滲入到中央一級機關，從而極大地敗壞了阿尤布・汗政府的聲譽。

　　1962 年 2 月 17 日，全國 8 萬名「有限民主制」執行者組成選舉團，在「贊成與不贊成」的選票上選舉阿尤布・汗為巴基斯坦總統，任期 5 年。阿尤布・汗成為巴建國以來第一任通過選舉產生的總統。阿尤布・汗就任總統後，制定了《阿尤布・汗憲法》，將全國大權獨攬，立法、司法並未獨立。在 1965 年 1 月舉行的總統選舉中，阿尤布・汗連任巴基斯坦總統。由於阿尤布・汗實行個人集權，加之東西巴矛盾激化，社會兩極分化嚴重，1960 年代末，反對阿尤布・汗的呼聲一浪高過一浪。1969 年 3 月，全國政治騷亂越演越烈，軍隊再次出面挽救

局勢。3 月 25 日，阿尤布・汗離開總統辦公室，將權力移交給陸軍總司令葉海亞・汗，結束了他對巴基斯坦 10 年又 5 個月的統治。

第三節　葉海亞・汗——東西巴的分裂與孟加拉國獨立

1969 年 3 月 25 日，在軍隊的支持下，陸軍總司令葉海亞・汗接替阿尤布・汗擔任軍法管制首席執行官，3 月 31 日就任總統。

阿迦・穆罕默德・葉海亞・汗，1917 年 2 月 4 日出生於白沙瓦一個舊貴族家庭。曾就讀於旁遮普大學和印度軍事學院，1939 年在軍隊中擔任中下級軍官。二次大戰期間，參加英國第 8 軍，轉戰埃及、蘇丹、伊拉克、塞浦路斯和義大利等國。二次大戰結束後，在基達的參謀學院任教官，1950 年任師參謀長，1957 年任陸軍司令部參謀局長兼聯邦資本委員會主席。1962 年至 1964 年間任駐東巴軍隊司令。1965 年印巴戰爭時期，任步兵第 7 師師長。1966 年 3 月任陸軍副總司令，9 月晉升為上將，從 1966 年 9 月至 1971 年擔任陸軍總司令。

葉海亞・汗上臺後，採取一系列措施，使全國經濟政治生活秩序恢復正常，並於 1969 年 8 月 1 日向全國宣佈，將在 18 個月內舉行全國大選。為使大選順利進行，葉海亞・汗宣佈放鬆軍法管制，允許各政黨恢復活動，並採取措施調和各派政治主張。1970 年 3 月 28 日，頒佈〈立法體制令〉，規定大選的基本原則。該法令具體內容有：國民議會由 313 人組成，其中婦女 13 人；一般議員由地方選區的成人選民直接選舉；國家實行一院制國會，以成人選舉為基礎，定期選舉；各省議會選舉將在國民議會選舉之後進行；司法獨立；公民的基本權利應受保護；選舉出的國民議會應在 120 天內制定出新憲法，由總統簽署生效，如果總統拒簽，則憲法不能生效，國民議會將解散重選等。1970 年 7 月 13 日，葉海亞・汗頒佈選舉法令，確定於 10 月 5 日舉行國民議會選舉。由於東巴遭遇洪災，大選推遲到 12 月 7 日舉行。全國 28 個政黨提出 1237 名候選人參加競選，參加選舉的選民有 5600 多萬人。

　　經過激烈角逐，謝赫·穆吉布·拉赫曼領導的人民同盟取得了意想不到的勝利，在國民議會的 300 個席位中，它獲得了 160 席，佔 53.3%，囊括了分給東巴的兩個席位之外的全部席位，但未能在西巴中獲得一個議席。佐勒菲卡爾·阿里·布托領導的巴基斯坦人民黨在西巴的一些省中獲絕對多數：在旁遮普 82 個席位中獲 62 席，在信德 27 個席位中獲 18 席，在西北邊境省獲 1 席，共獲得 81 席，佔 27%，成為國會中第一大反對黨。然而，該黨卻沒能在東巴獲得一席之地。國民議會選舉 10 天後，即 12 月 17 日，舉行了各省議會選舉。人民同盟在東巴 300 個省議會中獲 288 席，巴基斯坦人民黨在旁遮普省議會 180 個席位中獲 113 席。

　　1970 年的巴基斯坦大選是巴基斯坦政治發展史上的重要里程碑。這是巴基斯坦獨立 23 年以來第一次以成人公民權為基礎的直接選舉，包括婦女在內的全國公民都廣泛地參加了投票選舉，投票率為 56.62%，有許多地區的投票率高達 90%。但是，巴基斯坦人民黨和人民同盟在召開國民議會、制定新憲法等問題上，分歧嚴重；兩黨各持己見，互不相讓，從而使本已關係緊張的東西巴的矛盾進一步激化。這次大選成為東西巴分裂的導火線。

　　葉海亞·汗總統承認大選的結果，並稱謝赫·穆吉布·拉赫曼為「未來的總理」。1971 年 2 月 13 日，葉海亞·汗總統宣佈國民議會定

圖 39：1970 年大選的選票　選票的左邊是候選人的象徵物，右邊是候選人的名稱。

於3月3日在達卡召開，並安排布托和拉赫曼就制定一部雙方可以接受的憲法舉行會談。但是，由於雙方分歧太大，會談以失敗告終。葉海亞·汗總統在布托為首的巴基斯坦人民黨的壓力下，被迫宣佈推遲國民議會的開會日期。這一決定引起了東巴數以萬計的工人、學生和商人、政府職員的示威遊行，抗議總統延期召開國民議會的決定，並提出建立新的孟加拉國家的口號。

3月3日，東巴實行總罷工，機關、學校、商店紛紛關門，整個東巴陷於癱瘓。謝赫·穆吉布·拉赫曼號召支持者奪取東巴政府機構，開展非暴力不合作運動。中央政府派出軍隊進行鎮壓。東巴局勢進一步惡化。拉赫曼拒絕總統提出的召開各政黨參加圓桌會議的建議。3月6日葉海亞·汗總統不得不宣佈於3月25日召開國民議會。拉赫曼提出參加國民議會的四個條件：立即將權力移交給選出的人民代表；撤銷《軍事管制法》；軍隊撤回營房；調查對東巴群眾的屠殺。但是，東巴的極端分子堅決反對，認為巴基斯坦已不能保持國家的統一和完整。東巴的總罷工並未結束，參加罷工的人數持續增加，所有文官和國防工廠的工人也參加了罷工。中央政府拒絕了拉赫曼提出的四個條件，並下令國防工廠的工人於3月14日前復工，否則將被判處10年監禁。3月15日，拉赫曼宣佈接管東巴行政權，停止向中央繳納在東巴所徵各種稅收，頒佈實行35條與中央對抗的條例。中央與東巴矛盾進一步激化。

為緩和矛盾，3月下旬，葉海亞·汗、拉赫曼舉行了秘密會談，但會談以失敗告終。總統於3月22日再次宣佈無限期推遲召開國民議會。在以布托為首的人民黨和巴基斯坦軍方的要求下，葉海亞·汗於1971年3月26日宣佈，因東巴法律和秩序失去控制，人民同盟進行分裂國家的活動，軍隊進入東巴鎮壓分裂活動並維持法律和秩序。人民同盟被宣佈為非法，拉赫曼被指控為國家的「叛徒」而遭監禁。

根據巴基斯坦軍隊參謀長蒂卡·汗提供的材料，從1971年3月到12月間，在軍隊與東巴人的衝突中，有3萬名東巴人喪生；而據拉赫

曼稱，死亡的東巴人達 300 萬人之多。因此，東巴人從要求在聯邦內實現東巴的真正自治發展為要求建立獨立的孟加拉國。逃到印度的東巴人，在 1971 年 4 月 10 日建立了「孟加拉國臨時政府」。

東巴的事變，遭到蘇聯與印度的公開干涉。3 月 26 日，軍隊進入東巴後，印度外交部官員稱，不能再把東巴局勢「看作僅僅是巴基斯坦的內政」，公開表示要插手東巴，干涉巴內政。3 月 27 日，印度政府在加爾各答設立「孟加拉之聲」秘密廣播電臺。31 日，印度國會通過英·甘地的「聲援孟加拉人民」的提案，表示要「加強和東孟加拉人民的團結」，「全心全意地支持」東孟加拉人民的鬥爭。英·甘地在國大黨全國委員會會議上宣稱，印度已不能對東巴局勢保持沉默，並向印度與東巴邊界增兵。4 月 10 日，印度支持東巴人在加爾各答成立孟加拉國臨時政府，並向臨時政府提供資金和武器裝備。蘇聯也開始直接干涉巴內政，並與印度簽署〈和平友好條約〉，向印度提供大量軍事物資，支持印度入侵東巴。

1971 年 11 月上旬，東巴局勢開始好轉，巴基斯坦軍隊控制了東巴主要城鎮和大部分鄉村。但是，印度軍隊藉口難民問題於 11 月 22 日入侵東巴境內，公開以武力支持分裂主義分子。1971 年 12 月 3 日，又向西巴發動進攻。12 月 6 日，印度政府承認孟加拉國。12 月 16 日，印度軍隊攻佔達卡。1972 年 1 月 10 日，謝赫·穆吉布·拉赫曼獲釋後來到達卡。孟加拉國正式成立。巴基斯坦獨立 24 年後，失去東翼，統一的巴基斯坦一分為二：巴基斯坦和孟加拉。

第十章
大國的崛起——1970年代迄今

第一節　民主鬥士改革為先

　　巴基斯坦失去東巴和軍隊在第三次印巴戰爭中的失敗，激起了巴各階層人民的不滿，反對葉海亞·汗的示威遊行此起彼落。1971年12月30日，葉海亞·汗在全國人民的憤怒聲中，被迫辭去總統職務。人民黨主席佐勒菲卡爾·阿里·布托接任巴基斯坦總統和軍法管制首席執行官。

　　阿里·布托於1928年1月5日出生於信德省卡拉特的一個穆斯林貴族家庭，父親夏赫納瓦茲是著名政界人物，母親伯格姆·庫爾希德·布托出身於印度孟買的印度教教徒家庭，後皈依伊斯蘭教。布托受過嚴格的西式教育，1949年1月由南加利福尼亞大學畢業後進入柏克萊大學學習政治學，後又在英國學習，1952年獲牛津大學法學碩士學位，次年在倫敦林肯律師學院獲高級律師資格。曾在英國南安普敦大學任國際法講師。不久回國，在喀拉蚩擔任律師。1957年被派駐聯合國，從1958年至1966年，先後出任巴基斯坦政府工商部長、少數民族事務部長、國家建設和新聞部長、燃料、電力和天然資源部長、

圖 40：因為難民問題引起第三次印巴戰爭，結果造成更多逃
避戰火的難民。

克什米爾事務部長和外交部長。1963 年 3 月，布托以外交部長身分在
北京和中國簽署〈中巴邊界協定〉。1967 年 11 月 30 日，在拉合爾組
建巴基斯坦人民黨，並擔任主席。1971 年 12 月 7 日，布托任巴基斯
坦副總理，12 月 18 日任總理。12 月 30 日接替葉海亞‧汗任巴基斯坦
總統。布托執政後，除了制定憲法和建立文官政府外，在政治、經濟
和軍事領域進行了一系列改革。

一、取消巴基斯坦文官特權

巴基斯坦文官組織成立於 1950 年。在真納和里阿夸特逝世後，文
官制度進一步發展，文官勢力急劇膨脹。阿尤布‧汗時期，文官和軍

人建立起聯盟，主宰著巴基斯坦從中央到地方的政治活動。《1956 年憲法》和《1962 年憲法》甚至規定了不得任意解雇文官、為文官保留職位。布托執政時，文官勢力空前強大，全巴文官達到 100 萬人。文官分為四類：全巴文官，可在全巴各級政府部門服務，主要集中在中央政府；省文官，主要在省和地方政府任職；中央文官，主要供職於中央政府直接控制的企業；技術文官和專業文官，主要在中央政府和省政府從事技術工作。第一類全巴文官事實上成了文職人員中的貴族；人數雖只有 320 人，但擔任了中央政府和省政府常設秘書、省首席秘書、公營公司經理、專區專員和副專員等全國 300 個高級職位中的 225 個。文官操縱了各級政府的重要實權，但不對巴基斯坦政治承擔任何責任，出現政治問題後，即把責任推給政治家們。布托執政後，決心取消文官特權。《1973 年憲法》取消了保護文官特權的條款。1973 年 8 月 20 日，布托宣佈解散巴基斯坦文官組織；1973 年 9 月至 11 月，先後頒佈了〈1973 年文官條例〉（第 14 號）、〈法官席位條例〉（第 16 條〉、〈1973 年文官法令〉和〈1973 年聯邦文官委員會法令〉等法令，規定文官必須向行政首長負責，高級文官不得像過去那樣獨立處理問題。通過這些法令，從各方面取消文官特權、限制文官的權力。並強令 1300 多名文官提前退休。

二、　削弱和限制司法權

布托新憲法中，增加了政府限制和削弱法院的權力，法院無權對政府根據《巴基斯坦防禦法》所作出的決定，從而使法院的權力大受限制。國民議會在對憲法的第一次修正案中，專門限制法院對關於國家鞏固和統一這一類敏感的問題作出判決的權力。另外，國民議會以憲法還不足以防止國內分裂力量的存在和活動為由，討論和通過了《重大叛國通敵法》、《取消和禁止私人軍事組織法》和《防止反國家活動法》等法令。通過這些法令，大大加強了政府的權力，削弱和限制法院的權力。

三、削弱軍隊對政治決策的影響

由於巴基斯坦建國的特殊歷程和建國後特殊的國際國內形勢，軍隊逐漸演變成巴基斯坦國內一支強大的政治勢力。布托雖削弱文官權力，但仍主張建立文官政府，削弱軍隊對國內政治的影響。但是軍隊並不願意放棄參政和左右政局的權力。甚至由布托任命的高級軍官，包括新任陸軍總司令古爾·哈桑將軍和空軍總司令 A. 拉希姆·汗空軍元帥，都力圖保持葉海亞·汗時期軍隊控制政權的局面。布托鞏固其政權後，採取措施分散軍權，對軍隊又打又拉，以制服軍隊。

他首先是改組領導。在前兩任軍政府時期，海陸空三軍由總司令指揮，布托將總司令的職能分成三個部分，即在海陸空三軍各設海陸空參謀長，在此之上設參謀長聯席會議主席。參謀長負責戰略和海陸空三軍的協調工作；總理的國防顧問負責國內安全；國防秘書負責軍隊行政工作。蒂卡·汗任新設立的國防顧問，齊亞·哈克任陸軍參謀長，法卡爾·穆基姆·汗任國防秘書。布托還採取措施限制來自西北邊境省、俾路支省的帕坦集團和旁遮普北部地區的波特瓦爾集團。布托通過改組軍隊領導和削弱軍隊內有影響的集團勢力，意欲防止再次出現以軍權壓政權的阿尤布·汗式人物。其次是增加軍費，改善軍隊裝備，以滿足軍隊的要求。從 1971–1972 年度到 1975–1976 年度，巴基斯坦軍費開支增長了 89%。如從 1970 年度起算，則從 32.015 億盧比增至 1975–1976 年度的 70.274 億盧比，增長了 119%。在布托執政的第一年，即 1972–1973 年度，巴軍費開支已超出國民生產總值的 7%。到 1970 年代中期，軍隊的費用佔到了國民生產總值的 1/16。增加軍費，對安撫軍隊並使它在國家政治活動中保持中立，產生了一定影響。

布托削弱軍隊對政治影響的第三個措施是組建新的聯邦治安防衛部隊。為了維護社會治安秩序，穩定政治局勢，避免在社會動亂中軍隊介入，布托提出建立一支一流的警察部隊。經過國民議會討論，1973年成立了「聯邦治安防衛部隊」，撥款 5.7 億盧比。1975 年，該部隊增

加到 1.3873 萬人，1976–1977 年度，撥給該部隊的經費達到 11 億盧比，比 1973 年增加了 93%。

四、改組農村基層組織

布托執政後，取消了阿尤布·汗的基本民主制，而在農村、城鎮建立人民黨的組織。1975 年，布托全面改組人民黨的組織機構，重建人民黨村、鎮基層組織網，用以影響和左右民眾的政治態度，加強人民黨的群眾基礎。從而建立起人民黨村、鎮基層組織、縣級黨組織、省級黨組織和人民黨中央四級組織結構。人民黨中央成立全國執行委員會領導和協調全國各級組織的活動。人民黨的組織機構與阿尤布·汗的基本民主制大致相同，所不同的是，人民黨的村鎮組織無自治權，而阿尤布·汗基本民主制的基層組織村委員會有一定的自治權。人民

圖 41：布托認證《1973 年憲法》　這部憲法也是巴基斯坦史上伊斯蘭色彩最強的憲法，同時也呈現了社會平等的精神。

黨的縣組織是該黨重要的基層組織，而縣組織的領導大多為大地主所把持，在人民黨改組基層組織後的 52 個縣組織中，有 32 個縣組織的主席是由大地主、名律師和大工業家擔任。

布托執政的後期，各種不滿情緒增長。為緩和不滿情緒，也為了鞏固自己代表封建地主階級利益的新政治、經濟和社會制度，1972 年 1 月 7 日，布托宣佈將於 3 月 7 日和 10 日舉行國民議會選舉和省議會選舉。經過激烈角逐，人民黨在國民議會獲得 455 個席位，佔國民議會總席位的 98.5%，取得壓倒優勢的勝利。在省議會選舉中，人民黨又大獲全勝。

但是，對於這次選舉結果，反對黨不予承認。1977 年 3 月 12 日，巴基斯坦全國聯盟上街示威，反對布托對國家犯下的選舉欺騙罪行，要求重新舉行大選。而布托只同意糾正選舉中出現的個別舞弊現象，雙方僵持不下。3 月中旬，布托提出取消自 1971 年印巴戰爭以來一直實行的緊急狀態，以放鬆對新聞的限制和釋放獄中反對黨領導人為條件，促使反對黨接受大選結果，但沒有成功。反布托運動繼續高漲。4 月 9 日，治安防衛部隊和群眾發生衝突。衝突演變成兩大派群眾之間街頭巷尾的激戰。4 月 21 日，布托宣佈對喀拉蚩、拉合爾和海德拉巴三大城市實行軍管，但局勢仍未控制。於是，布托表示願在 6 月中旬舉行全國公民投票，以決定他本人是否還繼續執政。反對黨拒絕了布托的主張。7 月初，人民黨準備組織力量上街和反對派群眾戰鬥，全國局勢進一步惡化。

1977 年 7 月 5 日，巴基斯坦陸軍參謀長穆罕默德·齊亞·哈克發動不流血的軍事政變，結束了布托對巴實行 5 年又 7 個月的統治。

第二節　伊斯蘭風席捲印度河

1924 年 8 月 12 日，穆罕默德·齊亞·哈克生於印度旁遮普邦賈朗達爾一個中下階層家庭。二次大戰期間，曾同英軍轉戰於緬甸、馬

來西亞、印度尼西亞。二次大戰後，在印度臺拉登軍事學院學習並留校任教官。1955 年在巴基斯坦基達總參謀學院畢業並留校任教官。在 1959–1963 年間，曾兩次到美國接受訓練。1968 年，晉升為上校，1969 年，升為准將，1970 年，任巴駐約旦軍事顧問團團長，獲約旦國王頒發的「獨立勳章」。1972 年晉升為少將，1974 年，升為中將，1976 年 3 月升為上將，並擔任巴陸軍參謀長。齊亞・哈克在軍事生涯中，可謂一帆風順。不到 10 年的時間，連升 5 級，進入巴軍隊最高層。齊亞・哈克為人正直，性格內向，同時也是一位虔誠的穆斯林。

齊亞・哈克在軍隊中下級軍官和部分高級將領的強烈要求下，1977 年 7 月 5 日晨，宣佈接管人民黨政府，自任軍法管制首席執行官，開始了巴基斯坦獨立以來的第三次軍法統治歷史。但是，齊亞・哈克同時也表示，他的唯一目的是組織自由公正的選舉，並宣佈全國大選將在三個月後的 10 月舉行。在完成選舉後，將把政府交給當選的人民代表。

在齊亞・哈克執政的初期，拉合爾高等法院和巴基斯坦聯邦最高法院對布托謀殺案進行審訊，認為布托應對 1974 年 11 月聯邦治安部隊襲擊卡蘇里的汽車，導致一人死亡的事負責。1978 年 3 月 18 日，拉合爾高等法院宣佈布托犯有謀殺罪，判處絞刑。經過幾個月的審理，巴聯邦最高法院於 1979 年 2 月 6 日終審判決，維持拉合爾高等法院原判，判處布托絞刑。1979 年 4 月 4 日凌晨，曾在國際政治舞臺和巴基斯坦政壇叱吒風雲，年僅 51 歲的布托走上絞刑架。

1979 年 10 月，哈克鑒於當時的國內外形勢，宣佈只有軍隊和加強軍法管制，才能維護國家的統一，保持政治的穩定和經濟發展，立即取締所有政黨和集會，禁止工廠關門、工人罷工，接管和封閉反對軍管法令的所有報刊雜誌，加強對新聞廣播的監督和檢查，任何法院和法庭不得重議軍事法庭作出的裁決。1980 年 5 月 23 日，哈克總統修改《1973 年憲法》，再次加強軍事法庭的權力。修正案規定，軍事法庭有權對被指控有叛國罪的人、賄賂和誘使政府和軍隊官員瀆職的

圖 42：齊亞・哈克

人進行審判，無需審訊即可拘留。還規定，軍事法庭作出的任何判決，省高等法院和聯邦最高法院不得復議重審。1981 年 3 月 24 日，哈克又頒佈《臨時憲法》，以國家大法的形式肯定他實行的軍法管制並進一步加強這種管制。《臨時憲法》主要從以下四個方面加強軍法管制：

1.增強總統和軍法管制首席執行官的權力。《臨時憲法》賦予總統宣佈國家處於緊急狀態的權力，有權接受省政權；軍法管制首席執行官有權任命一個或一個以上的副總統，在總統傷亡、辭職、離開巴基斯坦或無力履行其職權時，副總統代行總統職權直至新總統的產生。

2.限制政黨活動。《臨時憲法》宣佈，只有在 1979 年 9 月 30 日前在選舉委員會登記的政黨，總統才允許其開展政治活動；其餘政黨全部解散，關閉其辦事機構，沒收其全部財產；新黨的成立需經選舉委員會首席專員的批准；總統有權解散其活動「有損於伊斯蘭意識形態

或巴基斯坦的主權、統一和安全」的任何政黨。

3.縮小法院的權限。《臨時憲法》規定，最高法院、高等法院和聯邦伊斯蘭法庭的法官在作出新的宣誓後，方能繼續行使法官的職權，總統有權臨時向最高法院增補一名退休法官或高等法院特別法官；任何法院不得對 1977 年 7 月 5 日軍法管制聲明以及從那時起頒佈的全部總統法令、軍法管制法令、條例、規定等提出問題；法院無權對軍隊成員進行裁決，法院有關軍隊的法令於軍隊無效，對軍隊無約束力；高等法院不能保釋根據預防法令拘留的人、有前科的人、軍事法令和軍事條例認為有罪的人以及在警察局已立案的人。

4.強調伊斯蘭教的作用和忽視議會的作用、公民的權利。《臨時憲法》明確規定，要根據伊斯蘭原則盡可能地恢復民主和代表制機構；不談議會的作用和公民權利，只提及將成立一個聯邦顧問委員會，其成員和作用由總統決定。

為鞏固其政權，齊亞·哈克在全國發動了全面伊斯蘭化運動。哈克總統認為巴基斯坦不應僅僅是一個穆斯林國家，而且應該是一個真正的伊斯蘭國家，所以齊亞·哈克在內政方面積極的推動伊斯蘭化運動。

另外他也實行非政黨選舉，組成文官政府。1977 年和 1979 年兩次大選被推遲後，1985 年 2 月 25 日，在全國舉行了聯邦國議會的選舉。選舉按伊斯蘭教方式進行，即禁止一切政黨參加，實行非政黨選舉；各黨成員以個人身分參加競選。國民議會共計 237 席，其中穆斯林席位 207 席，非穆斯林席位 10 席，婦女席位 20 席。有 1154 名候選人競選 217 個國民議會議員，另外 20 名婦女議員以後再選；有 3200 多萬選民參加選舉，有效選票 1700 多萬張，投票率為 52.9%。1985 年 2 月 28 日，巴基斯坦四省同時進行省議會選舉。四省議會選舉投票率平均為 56.91%，高於國民議會的選舉投票率。

1985 年全巴選舉是巴建國以來的第三次大選。這次大選有明顯特點：

1. 參加選舉的人數多

參加國民議會選舉的登記選民為 3200 多萬，約佔 1981 年全巴人口總數的 40%，參加投票選民數佔登記選民人數的 52.9%，投票率與沒有任何抵制情況下舉行的 1970 年和 1977 年兩次大選投票率（56.62% 和 59.05%）相比，相差不大。

2. 選舉自由公正

此次選舉氣氛平靜，而且是自由、公正的，選舉中未發生任何重大的騷亂，反對派除表示抵制外，也未發現和指責選舉中有舞弊現象。大選後，民選政府的建立是巴基斯坦從軍法管制向民主治理的過渡，是巴基斯坦政治發展史上的一個里程碑。與 1970 年大選後東西巴分裂和 1977 年 3 月大選後全巴內亂相比，這次大選更顯得重要和具有歷史意義。

3. 具體反映了民意

大選中，哈克政府中的 4 名部長、2 名顧問都落選。2 月 25 日選出的 209 名國民議會議員中僅有 47 人參加政黨組織，其餘多為律師、醫生、記者、工程師、運動員、商人、工業家、地主、地方官員和退伍軍人等無黨派人士，有 1/3 的新當選議員是初露頭角的年輕人。選舉結果反映了民眾希望政局穩定、以經濟建設為主和奉行非對抗政策的願望。

1985 年 3 月 21 日，巴國民議會選舉賽義德·法哈爾·伊瑪姆為議長，參議院選舉伊沙克·汗為參議院議長。哈克於 3 月 23 日宣誓就任總統，並提名前鐵道部長穆罕默德·汗·居內久任總理。24 日議會一致通過居內久任總理的提名。4 月 10 日，由 20 名內閣成員組成的居內久文官政府宣誓就職。以和平方式向民選政府移交權力，這在巴基斯坦建國後的政治發展史上還是破天荒第一次，這是巴基斯坦政治

活動民主化進程中邁出的重大一步。為了取消軍法管制，最終完成從軍法管制向文官政府過渡，1985 年 3 月 10 日，哈克總統修改和恢復了《1973 年憲法》。這是巴基斯坦政治發展史上具有歷史意義的事件。

居內久就任總理後，提出恢復政黨和政黨活動，建設民主政治基礎的議案，12 月 16 日，參議院通過了《1985 年政黨修正法》。該法規定，制定政黨法的目的第一是保證政治活動的進程盡可能地不受限制；第二是任何政黨在法律面前均不受歧視；第三是政黨活動應有利於國家。該法案主要內容有兩個方面：其一是當選為國民議會和省議會的議員不得改變黨籍，以保持政黨的穩定性；其二是政黨要進行登記，並受法律的監督和制約。

在做了以上準備工作後，1985 年 12 月 30 日，哈克總統在巴兩院聯席會議上宣佈，在全國範圍內取消軍法管制，恢復憲法，取消受憲法保護以外的一切軍事管制法令和條例，解散軍事管制機構，解散軍事法庭。當天，居內久總理宣佈取消 1965 年實行的長達 20 年的緊急狀態，恢復公民基本權利。哈克總統和居內久總理協商後，12 月 29 日任命了四個省的文職省長。

居內久總理對哈克取消軍管，給予高度評價。他讚譽哈克總統是巴基斯坦歷史上把政權和平移交給議會的第一個總統；議會開始擁有最高權力，巴基斯坦進入了民主治理的新時代。巴基斯坦結束八年半、歷史上為時最長的軍法統治，不僅受到國內各階層人民和各方面人士的熱情歡呼，亦受到國際輿論的普遍歡迎。從軍法管制過渡到文官政府是巴基斯坦民主進程中的最大事件，其影響極為深遠。

居內久總理執政後，宣佈了他的施政綱領。其主要內容如下：以巴基斯坦國家意識為基礎，建立強大的伊斯蘭民主制；建立能消除貧困，保證人民富裕的平等經濟秩序；消除文盲，為國家進入現代科學時代作準備；肅清行賄受賄、非法活動和其他社會弊病，讓人民享有安全與正義；通過建設強大的國防和執行不結盟的平等外交政策，維護領土完整和提高國家的聲望。居內久的施政綱領實質上是要發動一

場社會與經濟革命，是要把巴基斯坦建成「伊斯蘭福利國家」。

第三節　柔弱女承父志，民主大樑一肩挑

　　1988 年 11 月 16–19 日，巴基斯坦舉行了聯邦國民議會選舉和各省議會選舉。以貝·布托為首的人民黨獲勝，1988 年 12 月 1 日，伊沙克·汗總統任命貝·布托為巴基斯坦總理，組織新內閣。貝·布托成為巴基斯坦和伊斯蘭世界的第一位女總理。但貝·布托在 1990 年 8 月被總統解職。僅隔三年後，1993 年 10 月，貝·布托再次當選執政。在貝·布托的兩次執政期間，巴基斯坦政治經濟有了較大發展。由於巴基斯坦政治結構的特殊性，1996 年 11 月 5 日，巴基斯坦總統法魯克·萊加里以巴國內社會治安惡化等原因，解散巴國民議會和解除巴總理貝·布托的職務。

圖43：貝·布托總理在 1989 年時與美國總統布希在東京會談國際局勢。

圖44：納瓦茲‧謝里夫率領政府官員向罹難者默哀

第四節　大起大落誰能料，一朝流落到異鄉

　　納瓦茲‧謝里夫在齊亞‧哈克時期開始其政治生涯。1988 年 8 月在信德省組織由 10 個黨參加的穆斯林聯盟。1990 年在大選中獲勝，謝里夫組閣。1993 年因一項大膽的經濟計劃引起貝‧布托領導的反對黨指責，被迫辭職。1997 年 2 月 4 日，謝里夫在巴議會選舉中再次獲勝，開始了他第二次總理生涯。作為一位虔誠的穆斯林，謝里夫主張將《可蘭經》的教義作為中學生必修課，並實現工業革命。謝里夫上臺後著手準備利用議會力量剝奪總統解散經選舉產生政府的權力，並解散新成立的安全委員會。1997 年 4 月 1 日，國民議會通過憲法修改案。該修改案剝奪了總統解散政府、任命武裝部隊首領和省長的權力。

第五節　鐵腕人物——穆沙拉夫

　　佩爾華茲‧穆沙拉夫 1943 年 8 月 22 日出生於印度首都新德里。
幼年時隨家人遷居到巴基斯坦最大的城市喀拉蚩，並在那裡讀完了高
中。1961 年至 1964 年在巴基斯坦軍事學院學習，後在某炮兵團任指
揮官。1995 年被提升為中將後鎮守與印度接壤的旁遮普省，至戰略要
地馬格拉任軍區司令員。1998 年 10 月出任巴基斯坦陸軍參謀長，同
時晉升上將軍銜。1999 年 4 月任參謀長聯合委員會主席。

　　1999 年 10 月 12 日，穆沙拉夫在出席斯里蘭卡建軍節慶活動後，
與其他 198 名乘客乘坐巴基斯坦國際航空公司 PK-805 航班由可倫坡
回國。但在飛機起飛後不久，巴基斯坦國家電視臺突然播放當時任政
府總理的謝里夫簽的命令，宣佈解除穆沙拉夫的職務，而且不許穆沙
拉夫乘坐的飛機降落，要求其飛往阿拉伯聯合大公國。面對危險，穆
沙拉夫一面命令駕駛員繼續按原定計劃飛往喀拉蚩，一面用無線電與
忠於自己的將軍取得聯繫，果斷地決定與謝里夫展開較量。喀拉蚩駐
軍得到穆沙拉夫的命令後，迅速佔領喀拉蚩機場，控制機場指揮塔。
航班在剩下只能維持 7 分鐘飛行油料的緊急情況下，終於安全降落。
穆沙拉夫指揮的第 10 軍也迅速包圍了國家電視臺、電臺以及其他主要
設施，並將總理謝里夫所在的總理官邸包圍，將謝里夫及其他忠於謝
里夫的官員軟禁。13 日凌晨，穆沙拉夫宣佈解散謝里夫政府，在全國
實施軍管，成立國家安全委員會，穆沙拉夫任首席執行官。

　　1999 年 11 月 10 日，謝里夫被以企圖謀殺、劫機等罪名遭到起訴，
並被逮捕入獄。2000 年 4 月 6 日，喀拉蚩反恐怖法庭以企圖謀殺、恐
怖、教唆、劫機等罪名，判處謝里夫無期徒刑，並罰款 4 萬美元，沒
收其全部財產。在沙烏地阿拉伯的斡旋下，謝里夫在 2000 年 12 月 10
日獲得特赦，全家流亡沙烏地阿拉伯。

　　巴基斯坦最高法院 2000 年 5 月裁定發起「軍事接管」是「必要的

圖 45：穆沙拉夫（中）2003 年時與希拉蕊會面

行動」，承認穆沙拉夫政府的合法性。2001 年 6 月 20 日，穆沙拉夫宣佈就任巴基斯坦總統。2002 年 4 月 30 日，巴基斯坦舉行全民公決，支持穆沙拉夫在 10 月大選後繼續擔任總統。同年 11 月 16 日，穆沙拉夫再度就任巴基斯坦總統，任期 5 年。

　　穆沙拉夫上臺執政後，採取的重大舉措是推動南亞和平。2002 年 1 月 5 日，在第 11 屆南亞區域合作聯盟首領會議開幕式上，穆沙拉夫在大會發言時突然說：「我向瓦傑帕伊總理伸出真摯的友誼之手，我們必須共同來推動南亞的和平、和睦與進步的歷史。」而且在說完話以後，走向印度總理瓦傑帕伊，向瓦傑帕伊伸出「友誼之手」。瓦傑帕伊在這一突如其來的事情面前，毫無準備，但出於禮節，站起來與穆沙拉夫握手。在兩國關係處於極度緊張的關鍵時刻，穆沙拉夫主動與印度改善關係，從而贏得了世界的廣泛讚響。

　　由於在 2001 年 12 月，印度國民議會遭到危機，印巴兩國關係驟然緊張，雙方在克什米爾控制線兩側和邊界集中了 100 萬軍隊，兩個

均擁有核武器的國家之間，戰爭一觸即發。在這一危急的時刻，穆沙拉夫主動與瓦傑帕伊握手，就顯得特別重要。穆沙拉夫的「友誼之手」妥善處理了自 1971 年以來，印巴之間的最大危機，挽救了南亞和平，防止了印巴進一步滑向一場可能導向核子戰爭的嚴重衝突。2003 年 4 月 23 日，穆沙拉夫在歡迎到訪的阿富汗總統卡爾紮伊時，正式宣佈巴基斯坦願意就包括克什米爾在內所有懸而未決的問題，舉行全面對話。

經過艱苦努力，2004 年 1 月，在南亞區域合作聯盟第 12 屆首領會議上，兩國關係得到進一步改善。穆沙拉夫與瓦傑帕伊再次舉行了會晤，兩位領導人就共同關心的問題及克什米爾等重要的地區事務交換了看法。雙方認為，前幾個月兩國為恢復相互信任所採取的措施取得了積極的成果。穆沙拉夫在記者招待會上說：「我們寫了歷史。」2 月 16 日，兩國談判代表舉行正式會晤，會談中雙方都指出，在過去 50 多年裡，克什米爾問題一直是雙方爭論的焦點，但印巴都認為克什米爾問題不能靠軍事行動來解決。

穆沙拉夫另外一個重大舉措是參加國際反恐聯盟。2001 年發生的 911 事件，對於美國來說，其影響程度不亞於二次大戰中的珍珠港事件。對於巴基斯坦來說，最棘手的是美國發現發動 911 事件的是受到阿富汗塔利班庇護的賓拉登之基地組織所為。而阿富汗塔利班政權是受到世界上僅有幾個國家所承認的政權，這幾個國家中就有巴基斯坦。

美國為了進入阿富汗，打擊塔利班，抓捕賓拉登，必須得到巴基斯坦的支持。布希總統要求穆沙拉夫開放巴基斯坦領空，允許以巴基斯坦為基地，打擊恐怖主義。穆沙拉夫面臨空前難題。支持布希打擊恐怖主義，必然遭到國內伊斯蘭極端宗教勢力的強烈反對，而且要與自己培植多年的開打，並且和有密切關係的塔利班政權決裂。穆沙拉夫在極其複雜的國際國內形勢下，毅然決定參加國際反恐聯盟，並站到反恐的最前線。2001 年 10 月 7 日，美國對阿富汗塔利班政權及賓拉登領導的基地組織進行打擊。巴基斯坦為了支持美國的軍事行動，允許 50 萬美軍通過其領土進入阿富汗，並提供 3 個空軍基地。巴基斯

坦成為美國反恐戰爭的指揮基地。

巴基斯坦在國內也展開了大規模的反恐戰爭。巴警方多次逮捕了不少「基地」組織分子，截獲了大量的爆炸物以及其他恐怖攻擊工具，還挫敗了一系列重大的恐怖攻擊計劃。美國對巴基斯坦的反恐成果，給予了積極評價。2004 年 2 月，美國特種部隊和巴基斯坦軍警聯合圍堵位於巴基斯坦西北地方的基地組織，據說，在這次圍剿當中，目標針對基地組織頭號人物賓拉登。穆沙拉夫的反恐努力，得到了一定的回報。美國、英國、日本等國家先後取消了對巴基斯坦因核子試驗而遭到的制裁。而且美國及其盟國還給予巴基斯坦巨額貸款和援助，使巴基斯坦成為僅次於以色列和埃及的第三大美援受惠國。巴基斯坦還與阿富汗政權建立了睦鄰關係。

穆沙拉夫的第三大貢獻是推動巴基斯坦各領域的改革進程。穆沙拉夫執政後，提出了 7 點治國方針，全面規劃了巴基斯坦的發展方向。這 7 點分別是：重塑民族自信心和提高全民士氣；通過加強聯邦制和消除各省之間的不和以恢復民族凝聚力；復甦經濟和吸引投資者；確保法律和法規的順利實施；推進國家機構非政治化進程；下放權力；消除腐敗。

穆沙拉夫以軍事政變上臺，執政後，推行民主制，舉行全國大選，如期還政於民。其具體措施有建立統一的中央行政體系，把國家利益置於最高位置，保持政治經濟和國家管理的連續性，結束省際之間、地區之間、部族之間的不和，建立公正、統一的國家。2000 年底，舉行全國地方政權選舉，全國有 900 多萬選民參加選舉以建立新一屆地方政權。2002 年 4 月 9 日，穆沙拉夫宣佈舉行全民公決。同年 4 月 30 日，全民公決順利進行，投票結果表明：96% 的投票支持穆沙拉夫繼續執政。2002 年 10 月，又舉行了國民議會和省級議會選舉，宣佈為婦女預留席位和廢除穆斯林單獨選舉的制度。從而使 1980 年代以來一直存在的穆斯林單獨選舉制度結束，保證了基督教徒和印度教徒在內的少數派能和穆斯林一起參加全國大選。2002 年 11 月 24 日，選舉產

❶ 東 突 厥 斯 坦
（簡稱「東突」），
這 一 名 詞 出 現 於
19 世 紀 末 期。
「斯坦」原為「地
方」、「區域」之
意，「東突厥斯
坦」不是一個單
純的地理概念，
而是某些老殖民
主義者為了肢解
中國提出的一個
政治概念。長期
以 來，尤 其 是
1990 年代以來，
在中國境內外的
「東突」勢力以
實 現 建 立 所 謂
「東突厥斯坦國」
為目標，策劃、
組織了發生在中
國新疆的一系列
爆炸、暗殺、縱
火、襲擊等恐怖
事件，嚴重危害
了中國人民的生
命財產安全，並
對有關國家的安
全與穩定構成了
威脅。

生了以米爾・札法魯拉・汗・賈邁利為總理的新內閣。
穆沙拉夫將政府權力移交給民選總理，兌現了還政於民
的諾言。

　　穆沙拉夫在推行民主政治的同時，打擊極端勢力，
維持國家的穩定。由於巴基斯坦複雜的民族矛盾和宗教
教派爭端，加之克什米爾爭端的存在，使得極端主義勢
力在巴基斯坦有著發展的廣闊空間，國內恐怖活動不時
發生，恐怖組織甚至將矛頭指向穆沙拉夫本人。為了打
擊恐怖主義，2001 年 10 月 22 日，巴基斯坦政府頒佈
《反恐法》。根據該法律，政府有權不經起訴就對恐怖
主義疑犯實施長達 1 年的監禁，並有權對疑犯及其家屬
的銀行帳號進行調查。2002 年初，巴基斯坦政府在全國
逮捕了 2000 多名極端分子，取締並查封了 600 多處極
端組織機構和辦事處。

　　巴基斯坦信德省海德拉巴市反恐法庭對美國《華爾
街日報》記者珀爾被綁架、謀殺一案作出判決，阿富汗
戰犯歐瑪爾被判處死刑，3 名同案犯被判終生監禁。法
院同時還判處每名案犯交納 50 萬盧比（約合 8333 美
元）的罰金，這筆總值為 200 萬盧比的罰金將被作為撫
恤金交給珀爾的遺孀。巴基斯坦協助中國政府打擊突分
裂分子，穆沙拉夫曾表示，巴方堅決反對恐怖主義，決
不允許包括「東突」❶恐怖主義勢力在內的任何人利用
巴基斯坦領土從事任何反對中國的活動。2003 年 12 月
23 日，巴基斯坦軍方發言人肖克特・蘇丹在首都伊斯
蘭馬巴德宣佈，中國通緝的「東突」恐怖分子目艾山・
實合蘇木，已在巴方一次反恐行動中被擊斃。巴基斯坦
政府在反恐活動中取得了初步勝利。

Pakistan

附　錄

大事年表

西元前

50 萬年前　　　拉瓦爾品第以南波特瓦爾地區的索安河河谷
　　　　　　　史前遺址，發現最早的史前文化。

3000 年　　　　進入農業時代。

2800–2500 年　發現前哈拉巴文化發展的遺跡。

2500–1750 年　哈拉巴文化發展時期。

2000 年　　　　亞利安人陸續侵入印度河的五河流域。

1100 年　　　　十王之戰，社會階級開始分化。

900–700 年　　後期吠陀時代。

6 世紀後期　　波斯帝國併吞犍陀羅國和整個印度河流域的
　　　　　　　旁遮普和信德。

330 年　　　　馬其頓國王亞歷山大進入比亞斯河流地區。

273 年　　　　孔雀國王阿育王征服今巴基斯坦境內的北旁
　　　　　　　遮普地區與印度河盆地。

西元後

1–2 世紀　　　貴霜王朝建立，以犍陀羅為統治中心，直至 5
　　　　　　　世紀，犍陀羅藝術是巴基斯坦最寶貴的文化遺
　　　　　　　產。

711 年　　　　倭馬亞朝將領穆罕默德・伊本・卡西姆攻入
　　　　　　　印度河下游，接著還將信德及旁遮普北部地區
　　　　　　　置為行省，劃為伊拉克總督轄區，要求當地不
　　　　　　　信伊斯蘭教的人民繳納人丁稅，使該區成為印
　　　　　　　度最早接受伊斯蘭教的地區。

962 年　　　　原薩曼王朝的喀布爾總督阿爾普提金在阿富

	汗東部加茲納建立伽色尼王朝,隨後侵入信德地區,傳播伊斯蘭教。
1186 年	廓爾人攻滅伽色尼王朝,奪取其在印度西北部的領地,並向朱木拿河和恆河流域擴散。
1206 年	庫布丁‧阿尤伯克自立為蘇丹王,待廓爾王朝被花剌子模滅亡後,建立德里蘇丹國。
1290 年	土耳其人加拉魯丁‧哈爾吉建立哈爾吉王朝。
1320 年	齊亞蘇丁建立圖格魯格王朝,取代已經勢微的哈爾吉王朝。
1398 年	帖木兒率領蒙古大軍席捲旁遮普等地。
1451 年	阿富汗洛迪部落酋長建立洛迪王朝,國勢衰弱,北部分裂為四個蘇丹國,彼此混戰不休。
1526 年	帖木兒後裔巴卑爾入侵,結束德里蘇丹國,開始蒙兀兒帝國。
1556–1605 年	蒙兀兒帝國興盛期,深化巴基斯坦的伊斯蘭教文化。
1658–1707 年	蒙兀兒帝國衰弱期。
1784 年	印度完全淪為英國殖民地。
1830 年	在英國壓迫下,賽義德‧阿赫默德發起復興印度伊斯蘭教的聖戰。
1861 年	英國宣佈印度英國化,採用英國的法律、語言,遭到穆斯林排斥。
1883 年	賽義德‧阿赫默德汗提出「印度教徒和穆斯林是兩個民族」理論。
1888 年	阿赫默德汗組成印度愛國協會,以對抗印度國民大會黨在政治上的擴張,恐其削弱穆斯林的權益。
1901 年	米爾札‧庫拉姆‧阿赫默德創立阿赫默迪亞教派。

1905 年	孟加拉總督反穆斯林,孟加拉的穆斯林又佔全印一半,遂引起大規模的不滿抗爭。
1906 年	在達卡成立全印穆斯林聯盟,各區成立支部。
1913 年	印度穆斯林不滿英國支持進攻同樣是信仰伊斯蘭教的土耳其,加上英國在印度的諸多反穆斯林措施,反英情緒高漲。
1916 年	國大黨與穆盟團結合作抗英。
1923 年	英國挑撥國大黨與穆盟,引起兩派爆發嚴重衝突。
1928 年	國大黨與穆盟再次尋求合作,但國大黨否決穆盟提出的代表席位要求,穆盟不滿,遂由真納提出 14 條原則,種下印度教徒與穆斯林的分裂命運。
1930 年	穆罕默德·伊克巴爾提出在印度建立一個「統一的穆斯林國家」理論。
1937–1939 年	國大黨以政治力量排擠穆斯林,使穆斯林逐漸團結。
1940 年	真納系統闡述「兩個民族」理論。3 月通過〈拉合爾決議〉(〈巴基斯坦決議〉),將致力組成穆斯林的獨立國家。
1942–1946 年	第二次世界大戰爆發,英國同意印度自治,但國大黨與穆盟爭戰不休。
1947 年	英國總督蒙巴頓提出〈蒙巴頓方案〉,印、巴各自獨立自治,解決紛爭。穆罕默德·阿里·真納出任巴基斯坦首任總督。
1948 年	國父真納逝世。
1951 年	僅次於真納,受巴基斯坦人信任的里阿夸特·阿里·汗總理遭阿富汗人刺死。
1952 年	爆發反對將烏爾都語作為國語的群眾示威遊

行。

1953 年	正統派發起反阿赫默迪亞運動,引起政治與社會動亂不安。
1954 年	制憲議會一度遭解散,後又恢復。語言之爭發展成東巴力圖擺脫西巴統治的政治鬥爭。
1955 年	各省立法機構選舉產生第二屆制憲議會。中央同意將孟加拉語與烏爾都語共同作為官方語言。
1956 年	第一部憲法完成。12 月共和黨領袖費洛茲‧汗‧努恩接任總理,組成代議政府。
1958 年	總統漸無法控制局勢,宣佈實行《軍事管制法》,取消憲法與解散中央,並離職改由陸軍總司令阿尤布‧汗接管,實行有限民主制。
1962 年	阿尤布‧汗當選總統,是建國以來第一位通過選舉產生的總統。
1963 年	巴基斯坦與中國簽署〈中巴邊界協定〉。
1965 年	阿尤布‧汗連任當選總統。印巴爆發戰爭。
1969 年	阿尤布‧汗被迫下臺,權力移交陸軍總司令葉海亞‧汗。葉海亞‧汗宣佈放鬆軍法管制,允許恢復政黨活動。
1970 年	頒佈《立法體制令》及選舉法令,是獨立以來第一次以成人公民權為基礎的直接選舉。
1971 年	為制定憲法舉行會談,但會談失敗,東巴人民要求獨立、製造暴動。4 月東巴人民建立「孟加拉國臨時政府」。葉海亞‧汗被迫辭職,由布托接任。
1972 年	巴基斯坦承認孟加拉國獨立。巴基斯坦舉行國民議會選舉和省議會選舉。
1973 年	布托宣佈解散巴基斯坦文官組織。

1977 年	陸軍參謀長穆罕默德‧齊亞‧哈克發動不流血軍事政變，結束布托的統治。
1978 年	齊亞‧哈克宣佈在伊斯蘭教的基礎上建立司法制度。
1979 年	布托被控謀殺罪，處以絞刑。齊亞‧哈克宣佈以軍隊及軍法管制維護國家統一、政治安定及經濟發展。
1980 年	齊亞‧哈克修改憲法，加強軍事法庭的權力。
1981 年	頒佈《臨時憲法》。
1985 年	實行聯邦國議會的選舉。取消軍法管制，恢復憲法。
1988 年	舉行聯邦國民議會選舉和各省議會選舉，貝‧布托組織新內閣，是第一位女總理。
1990 年	貝‧布托總理被總統解職，由納瓦茲‧謝里夫組閣。
1993 年	納瓦茲‧謝里夫的經濟計劃引起反對黨指責，被迫辭職。貝‧布托再次當選總理。
1996 年	總統解散國民議會和解除總理貝‧布托的職務。
1997 年	謝里夫在議會選舉中勝選，開始第二次總理生涯。
1999 年	陸軍參謀長佩爾華茲‧穆沙拉夫解散謝里夫政府，實施全國軍管。
2000 年	謝里夫被判謀殺、恐怖、教唆、劫機等罪名。全國舉行地方政權選舉。
2001 年	穆沙拉夫就任總統。同意美國通過巴基斯坦領空，進入阿富汗捕捉 911 恐怖事件首領賓拉登。
2002 年	穆沙拉夫推動南亞和平。11 月選舉新內閣總

理米爾‧札法魯拉‧汗‧賈邁利。

2003 年	穆沙拉夫宣佈願意解決克什米爾等懸而未決的問題。
2004 年	印巴會談，首次以外交方式討論克什米爾問題。與美國聯合反恐，獲得美、英、日等國金援。

中外名詞對照表

Alexander　亞歷山大

Aryans　亞利安人

Asoka　阿育王

Aurangzib　奧朗則布

Ayub Khan　阿尤布・汗

Benazir Bhutto　貝・布托

Chaudhri Muhammad Ali　昌德里・穆罕默德・阿里

Darius III　大流士三世

Farooq Laghari　法魯克・萊加里

Feroz Khan Noon　費洛茲・汗・努恩

Gandhara　犍陀羅

Ghulam Muhammad　古拉姆・穆罕默德

Gondopharnes　丘就卻

Harappa　哈拉巴

Humayun　胡馬云

Islamabad　伊斯蘭馬巴德

Kabaddi　卡巴迪

Kanishka　迦膩色伽

Karachi　喀拉蚩

Kashmir　克什米爾

Khiljis　哈爾吉

Khwaja Nazimuddin　克瓦賈・納澤姆丁

Kushans dynasty　貴霜王朝

Liaquat Ali　里阿夸特・阿里

Lodhis　洛迪

Mahmud　馬赫茂德

Maurya dynasty　孔雀王朝

Mirza　米爾扎

Moenjo Daro　摩亨佐達羅

Mohammad Ali Jinnah　穆罕默德・阿里・真納

Mohammad Bin Qasim　穆罕默德・本・卡西姆

Mohandas Karamchand Ghandhi　莫罕達斯・卡爾姆昌德・甘地

Mughals　蒙兀兒

Muhammad Iqbal　穆罕默德・伊克巴爾

Multan　木爾坦

Nawab Abdul Latif　納瓦布・阿卜杜爾・拉蒂夫

Nawaz Sharif　納瓦茲・謝里夫

217

參考書目

1. 楊翠柏、李德昌,《當代巴基斯坦》,四川人民出版社,1999 年。

2. 李德昌,《巴基斯坦經濟發展》,四川大學出版社,1992 年。

3. 劉樂聲、王士彔等,《巴基斯坦》,上海辭書出版社,1988 年。

4. 易如成,《命運之使者——穆沙拉夫》,世界知識出版社,2003 年。

5. 《城市旅遊》,2003 年 3 月號。

6. *Pakistan: tour itineraries*, Pakistan Tourism Development Corporation, Islamabad.

7. *Pakistan 203 Statistical Pocket Book*, Statistics Division, Government of Pakistan.

圖片出處: 23:Ed Kashi/Corbis; 27: Tokyo National Museum Pakistan Explorer; 28: NHKPromotions; 42: Baldev/Corbis Sygma; 43: Wally McNamee/Corbis; 44, 45: Reuters.

在字裡行間旅行，
實現您 周遊列國 的夢想

國別史叢書

國別史叢書

日本史——現代化的東方文明國家

她擁有優雅典美的傳統文化，也有著現代化國家的富強進步。日本從封建的舊式帝國邁向強權之路，任誰也無法阻擋她的發光發亮。她是如何辦到的？值得同樣身為島國民族的我們學習。

韓國史——悲劇的循環與宿命

位居東亞大陸與海洋的交接，注定了韓國命運的多舛，在中日兩國的股掌中輾轉，經歷戰亂的波及。然而國家的困窘，卻塑造了堅毅的民族性，愈挫愈勇，也為韓國打開另一扇新世紀之窗。

西班牙史——首開殖民美洲的國家

大航海時代的海上強權——西班牙，締造了傲人的日不落國，也將王國帶入前所未有的輝煌。在時代的轉移下，經歷高潮、低盪、君權和獨裁，今日的西班牙，終於走出一條民主之路。

墨西哥史——仙人掌王國

馬雅和阿茲特克文明的燦爛富庶，成為歐洲人夢寐以求的「黃金國」，然而貪婪之心和宗教狂熱矇蔽了歐洲人的眼，古老的印第安王國慘遭荼毒，淪為異族壓榨的工具，直至今日，身為強大美國的鄰居，墨西哥要如何蛻變新生，請拭目以待。

菲律賓史——東西文明交會的島國

由於特殊的殖民背景，菲律賓融合了傳統東方文化與現代西方文明，在「外表東方，內心西方」的十字路口，且看菲律賓如何在殖民統治下，努力走向獨立的民主國家，走出屬於自己的獨特道路。

澳大利亞史——古大陸‧新國度

南方的大陸——澳大利亞，是人們傳說中的仙境。隨著西方人的航海、冒險，以及英國人的殖民與開墾，漸漸地掀開不為人知的神秘面紗，也為這塊古老的土地開創了歷史的新頁，將澳洲從荒蕪的焦土變成繁華的樂園。

土耳其史——歐亞十字路口上的國家

在回教色彩的揮灑下，土耳其總有一種東方式的神秘感；強盛的國力創造出充滿活力的燦爛文明，特殊的位置則為她帶來多舛的境遇。且看她如何在內憂外患下，蛻變新生，迎向新時代的來臨。

俄羅斯史——謎樣的國度

俄羅斯為何有能力以第三羅馬自居！俄羅斯為何得以成為世界上領土最大的國家！在二十世紀後半期與西方的山姆大叔分庭抗禮！且看此書為您盡數這隻北方大熊的成長奮鬥史。